The Spectrum Girl's Survival Guide

わたしは ASD女子

自閉スペクトラ
みんなが輝くた

シエナ・カステロン
Siena Castellon
浦谷計子 訳

はじめに

テンプル・グランディン
（コロラド州立大学教授『自閉症の才能開発』『自閉症の脳を読み解く』著者）

シエナ・カステロンの経歴を初めて耳にしたとき、わたしは彼女の前向きな生き方に心を打たれました。シエナは数学と物理の世界でずば抜けた成績を上げています。その活躍ぶりを見れば、自閉スペクトラム症（ASD）の人たちがすばらしい可能性を秘めた存在であることは明らかです。

シエナは高校生でありながら、ペリメーター理論物理学研究所（カナダ）とケンブリッジ大学材料科学科の夏季研修に参加し、高度なプログラムを修了しました。また、専門誌「マテリアルズワールドマガジン」にも取り上げられています。

ASDはわたしという人間の重要な一部です。でも、わたしに生きがいを与えているのは動物福祉と家畜用設備デザインの仕事です。この「はじめに」で、わたしがまずシエナの数学の才能に言及したのは、ASDの女の子たちに自信をもってもらいたいからです。

わたし自身、ASDの子やその保護者に話をするときには、最初に、コロラド州立大学動物科学部の教授であることを明かすようにしています。そういう話をすると、ASDの子に対する保護者と教師の期待は俄然《がぜん》、膨《ふく》らんでくるのです。

わたしがASDの講演をおこなうと、祖父母世代の参加者から、よくこんなことを聞かされます。

じつは、孫がＡＳＤと診断されたことがきっかけで、自分もＡＳＤだとわかった、というのです。そういうおじいちゃん、おばあちゃんたちは、現役時代に特殊な業務用機器の技術職で成功した人や、経理や営業畑で活躍していた人たちばかりです。

この本は、ＡＳＤの人が社会生活を送るうえで、大いに助けになるでしょう。でも、シエナのＡＳＤ以外の面も忘れないでください。わたしがほんとうにすばらしいと思うのは、彼女の前向きな態度なのです。

ＡＳＤはとかくネガティブにとらえられますが、シエナの生き方は多くの人たちをポジティブにしてきました。そのことをどうか忘れずにいてください。

◎目次

第5章　つきまとう感覚過敏とどうつきあえばいい？

第6章　身体ケアのアドバイス

第9章　友だちづきあいのポイント

第10章　恋愛のモヤモヤ

第11章　ジェンダーアイデンティティに対して

個性的なビートで踊る世界中のＡＳＤ女子のみなさんへ

わたしはＡＳＤ女子

――自閉スペクトラム症のみんなが輝くために

第1章　わたしのこと

10代のＡＳＤ女子として生きることのリアル

わたしはシエナ・カステロン、16歳。音楽が大好きで、ネットフリックスとメイクとチョコレートには目がありません。リコという愛犬がいます。そういう意味では、ごくふつうの10代の女の子です。

でも、一つだけみんなと大きく違うところがあります。それは自閉スペクトラム症（ＡＳＤ）だということ。それに、失読症と協調性運動障害と注意欠陥多動性障害（ＡＤＨＤ）があります。

これまでに自閉性障害やアスペルガー症候群に関する本はたくさん出ていますが、当事者ではない（**定型発達**の）人が書いたものか、当事者であっても、とっくの昔に大人になった人たちが書いたものばかりです。10代のＡＳＤ女子が書いた10代のＡＳＤ女子のための本があったら、どんなによかったでしょう。そう思って、わたしはこの本を書きました。

そう、これはＡＳＤの人間が当事者の目線で書いた、実践的な本なのです。ソーシャルメディアや動画共有サービスがあふれるデジタル時代に、10代のＡＳＤ女子として生きることのリアルを、わたしは知っています。そんなわたしが書いた本だからこそ、きっと、お役に立てると思うのです。

わたしはもともと内気で物静かな人間です。まさかこういう本を書くことになるとは思いもしませんでした。でも、どうやら、人生は予定どおりには進まないみたいです。気づいたときには、意外な方向に来ていた、なんていうことが起きるのです。

13歳のとき、わたしは、ＡＳＤや学習障害の子どもたちに支援・アドバイスをおこなうためのウェブサイトwww.qlmentoring.comを立ち上げました。それまで保護者向けの情報サイトはあっても、どういうわけか、当事者である子どものためのサイトはありませんでした。

そこで、特別な教育ニーズを抱える子どもたちに問題克服のアドバイスを提供できるサイトをつくることにしたのです。このサイトでは、わたしが学校生活で実践している工夫を紹介したり、いじめに遭ったときのためのアドバイスをしたりしてきました。

このウェブサイトの立ち上げがきっかけとなって、自然に、ツイッターとインスタグラムのアカウント（@QLMentoringと@NCWeek）を開設することになりました。そして、ＡＳＤ、特別教育ニーズ、教育制度をテーマに、自分の考えをシェアしているうちに、少しずつ、ニューロダイバーシティ（神経多様性）啓発活動（詳しくは「おわりに」でお話しします）やいじめ撲滅《ぼくめつ》運動の発信者になっていきました。

でも、初めからそうなろうと意図していたわけではありません。とにかく、自分の経験をシェアすることで、ＡＳＤにまつわるネガティブなイメージや固定概念を変えていきたかったのです。

気づいたときには、数々の賞をいただいていました。２０１８年８月には当時のテリーザ・メイ首相からポインツオブライトアワード（訳注：ボランティア活動で活躍した人に贈られる賞）をいただき、続く９月には栄《は》えあるダイアナアワード（訳注：社会変革に貢献した若者に贈られる賞）に選ばれました。

同じく10月には、ブリティッシュシティズンユースアワード（訳注：社会にポジティブな影響を与えた青少年に贈られる賞）を受賞し、ケンジントン宮殿でのレセプションでは、ウィリアム王子とキャサリン妃にお会いすることができました。

今でも信じられない夢のような出来事は、ＢＢＣラジオ1の２０１８年ティーンヒーローアワードの受賞です。

ある日、ＢＢＣの取材チームが我が家にやってきて、わたしを紹介するためのショートフィルムを撮影していきました。授賞式当日、そのフィルムがウェンブリーアリーナで上映された後、わたしは1万人のティーンが見守る中でステージに上がりました。しかも、ラナ・デル・レイ（わたしのいちばんのお気に入りの女性ミュージシャン）と、あのポップ界の王子様ことショーン・メンデスから、お祝いの動画まで届いていたのです。

その後、ハリー・ポッタースタジオを特別に見学させてもらったり、作者Ｊ・Ｋ・ローリングのサイン入り著書をいただいたりしました。俳優カラム・ターナーとも会えました（そう、映画「ファンタスティック・ビーストと黒い魔法使いの誕生」で主人公ニュートの兄テセウス役を演じた、あのカラム・ターナーです)。彼はロンドンのプレミア上映会にも招待してくれました。

先ほど言ったように、人生はときとして思いがけない方向に進むものです。まさか、自分の地味なウェブサイトやＡＳＤ啓発活動の先に、ここまでエキサイティングな展開が待ち受けているとは、思いもしませんでした。

ティーンヒーローアワード授賞式の楽屋で、あの人気ガールズグループ、リトル・ミックスと対面できるなんて、誰が想像できたでしょう。ましてや、イギリス中の何百万人もの視聴者がライブ放送を見守る中で、受賞スピーチをすることになるとは! 長年わたしを苦しめてきたいじめっ子たちも、この展開は予想していなかったはずです。

でも、わたしが深い満足感を覚えるのは、今、言ったような華《はな》やかな瞬間ではありません。学校での長い一日を終えて帰宅したとき、ようやく訪れる、静かで、思いがけない瞬間にこそ、喜びはあふれています。

わたしのウェブサイトを見たことがきっかけで診察を受けた、ある女の子は、協調性運動障害とＡＳＤが判明したそうです。わざわざお礼のメールをくれました。いじめに苦しんでいる10歳の男の子も、わたしのアドバイスに助けられたことや作文で賞を取ったことを教えてくれました。

わたしにとっては、そういう知らせこそがいちばんの宝物なのです。わたしたちの誰もが、誰かの人生にポジティブな変化を起こすだけの力をもっています。その実感がわたしにこの本を書かせてくれました。

人と違うことを恥じる必要はない

10代のＡＳＤ女子は、何かと孤独で、孤立しやすいものです。でも、ほんとうは独《ひと》りぼっちではありません。同じ思いを抱えている人は大勢います。わたしたちは一歩、また一歩、暗がりから歩み出し、光の中で胸を張って生きていきましょう。人と違うことを恥《は》じる必要はありません。この違いがあるからこそ、非凡で唯一無二の存在なのです。

わたしはＡＳＤを自分の強みだと思っています。これは特殊能力なのです。ＡＳＤとは、脳神経の配線が生まれつき違うということ、他の人たちとは世界の見え方が違うということです。他の人たちが限界と見なすところに、ＡＳＤの人たちは可能性を見出します。変革を起こし、問題を解決し、未来図を描き、誰も踏み入れたことのない道を切り開くことができます。

忘れないでください。ＡＳＤは社会に大きく貢献する可能性を秘めた、特別な存在なのです。わたしは自分の才能を信じています。そして、ＡＳＤの人びとのお役に立てるなら、これほどうれしいことはありません。

第2章　女子のＡＳＤは見えにくい

自分をエイリアンのように感じていた

残念ながら、社会にはいまだにＡＳＤに対する固定概念と誤解があふれています。とくに女子のＡＳＤに関してはそうです。わたしがＡＳＤだと明かすと、たいていの人から、信じられないという反応が返ってきます。見た目や行動がＡＳＤっぽくないと思うようです。「ふつう」に見えるとか、「ふつうに見せる」のがうまい、と言ってくる人たちは、よかれと思って言っているつもりなのでしょう。でも、そういう人たちに対して、わたしはいまだに返す言葉が見つかりません。

相手がＡＳＤを悪いことであるかのようにコメントしてくる場合は、なおさらです。言っておきますが、わたしはＡＳＤである自分が好きなのです。ＡＳＤはわたしという人間の欠かせない一部であって、恥《は》ずべきものではありません。それどころか、わたしにとって宝物でさえあります。このＡＳＤと学習障害がわたしを「わたしらしく」しているのです。

クラスメートにも、先生方にも、知り合いにも、わたしはいたってふつうに見えるでしょう。誰かと友だちになれるし、仲よくやっていくことだってできます。お行儀がよくて、頭もよく、ユーモアのセンスもあります。

わたしのふるまいは、いわゆるＡＳＤっぽさを感じさせないでしょう。話すときも、アイコンタクトをとっているように見えるはずです（じつを言うと、わたしが見ているのは相手の額なのですが）。メルトダウン（突発的なかんしゃく）を起こすことも、自分や他人を叩くこともないし、興味・関心の対象にこだわって、難解な話をずっと続けるなんていうこともありません。

周囲の人たちがＡＳＤに対して抱いているイメージは、わたしにとって納得できるものではありませんが、でも、見た目だけではわからないのもたしかです。

見た目と違って、ＡＳＤの人たちの内側は、そうでない人たちとはかなり異なっています。わたしは、昔から、自分は周囲と違うと感じてきました。自分のことを、他の惑星からきたエイリアンのように感じていたのです。わたしにとって人づきあいは楽なものではありません。子どもは他の子どもと遊びながら自然にソーシャルスキルを身につけていくものですが、わたしの場合、人前でのふるまい方は、外国語のように学びとらなければならないものでした。懸命に学習しているうちに、いつしか、わたしは社会人類学者、兼、俳優のようになっていました。

「ふつう」の人の仲間入りをするために、みんなのふるまい方をまねしたり、あらかじめ用意しておいた台本どおりに会話をしたりして、社会常識やルールを学習していきました。でも、どんなに努力していても、相手を困惑させるような言動を完全になくせるものではありません。自分はアウトサイダーだ、という感覚をぬぐいきれませんでした。

それに、自分は違うということはわかっていても、なぜ違うのか、その理由はいつも謎《なぞ》のままでした。じつを言うと、ＡＳＤだとは思いもしませんでした。診断されるまでは、わたしもまた、メディアに描かれるＡＳＤの偏《かたよ》ったイメージにとらわれていたからです。

ＡＳＤという言葉から連想するのは、スーパーマーケットの床に寝転んで、耳をふさぎながら泣き叫んでいる男の子とか、鉄道の時刻表を片っ端から記憶してしまうのに、人と会話できない不思議な男の子のイメージばかりでした。

ＡＳＤはスペクトラム障害です。ひと口にＡＳＤと言っても、重度から軽度までの幅（スペクトラム）があり、その幅のどこに位置するかも一定不変ではありません。でもそのことを当時のわたしは知りませんでした。しかも、ＡＳＤは男の子だけのものだと思っていたのです。

「ASD」の三文字がすべてを説明してくれた

わたしは12歳のときにＡＳＤと診断されました。比較的、低年齢で診断がついたのは幸運だったと思います。わたしの知り合いには、40代、50代になるまでＡＳＤと知らずにいた女性が何人もいます。訳のわからない違和感を抱えてずっと生きているのは、さぞかしつらかったでしょう。

早期の診断はわたしにとって朗報でした。長い間、学校でいじめられ、仲間外れにされているうちに、自分は愛されない人間なんだ、と思い始めていたからです。

ＡＳＤの診断は長年の違和感への答えになりました。わたしは、引っ込み思案でも、臆病者でも、変わり者でも、不気味な変人でもなくて、ASDだったのです。「ASD」の三文字がすべてを説明してくれました。

大きな音や明るい光に対する嫌悪感も、臭《にお》い、人との物理的な接触、衣服のタグや縫い目、特定の布地に対する過敏さも、ASDだからです。年齢の割に豊富だった語彙力《ごいりょく》も、大人のようなユーモアのセンスも、4歳で恐竜図鑑を、7歳で『ハリー・ポッター』を暗記してしまったのも、ASDだからです。数学と物理が得意なことにも合点《がてん》がいきます。

なぜ人づきあいが苦手なのか、なぜ、しょっちゅういじめられていたかもわかります。胃腸の弱さ、食物不耐症、不眠の理由も納得できました。対人不安（人づきあいの不安）もASDから来ています。行方不明だったジグソーパズルのピースが出てきたかのように、ASDの診断が長年の謎を解いてくれました。

ASDだとわかって、もう一つよかったのは、孤独感から解放されたことです。世の中には、わたしに似た人がたくさんいて、ありのままのわたしを理解し、受け入れてくれる――そう思うと、大きな安心感に包まれました。そして、実際に、何人ものすばらしい人たちに出会ってきました。症状は違っていても、わたしたちは魂のレベルで似た者同士です。ASDがどんなものかは、当事者でなければ完全には理解できません。わたしたちは特別な絆《きずな》で結ばれているのです。

ASDと診断されたわたしはさっそく調査を開始しました。インターネットで情報を集め、本や、記事、ブログ、論文を片っ端から読んでいると、驚くことばかりでした。それまで自分がもっていたわずかばかりの知識が間違っていたこと、とくに女子のＡＳＤについては的外《まとはず》れなものだったことがわかったのです。

わたしを悩ませているコミュニケーション上の困難も、感覚過敏、不安、不眠、胃腸トラブル、ぎこちない挙動も、すべてが「関連し合っている」なんて知りませんでした。世界の見え方や感じ方が人と違っているということも初めて知りました。

たとえば数字の見え方がそうです。わたしにとっては、数字の一つひとつが個性をもち、それぞれに色や臭いが違います。それらの数字を頭の中で引っくり返したり、回転させたり、シャッフルしたりすることもできます。これは共感覚と言われるもので、ＡＳＤの人によく見られる特徴です。

また、女子がＡＳＤと診断されにくいのはＡＳＤの特徴を隠すのが上手だからだ、ということも知りました。ＡＳＤ女子の多くは周囲に定型発達と思わせるほどの器用さを身につけていきます。

でも、そうやって、つねに演技をしていなければならないという強い不安感は、いずれ手に負えなくなって、心の健康を害することすらあります。事実、ＡＳＤ女子の中には、摂食障害や強迫性障害（ＯＣＤ）になったり、自傷行為に及んだりする子もいます。うつ状態になる子もたくさんいます。

つまり、どん底で心が悲鳴を上げる段階になって初めて、周囲の人たちにどうも様子が変だと気づかれ、それまで見えていなかったＡＳＤがようやく認識されるのです。

誰もがわたしのようにすんなりとＡＳＤを受け入れるわけではないでしょう。時間がかかる人もいるはずです。自分は人と違うと思うと、身がすくんでしまったり、人生を不公平に感じたり、みんなと同じだったらよかったのにと思ったりもするでしょう。そういう気持ちを抱いても、ちっともおかしくありません。

わたしにも落ち込む日があります。とくに、感覚過敏の症状がひどい日や、いじめに遭った日はそうです。ＡＳＤを受け入れられずに苦労している人は、どうか、この本を読んで勇気を出してください。世の中にはＡＳＤの生きづらさを知っている人たちがいます。ＡＳＤをありのままに受け止め、受け入れてくれる仲間たちがいることを知ってください。

第3章　ASDを打ち明けるとき

ようやく謎が解けた

ASDの診断はわたしにとってうれしいニュースでした。人づきあいに苦労してきた謎《なぞ》や感覚過敏に悩まされてきた謎が、ようやく解けたからです。定型発達の人に比べて何かが苦手だったり、得意だったりするのは、単に脳神経の配線が違うためだったのです。そのことがわかって、ほっとしました。

でも、特定のレッテルを貼られるというのは恐ろしいものです。毎日のように、人から「ASD」「高機能タイプ」「アスペルガー症候群」「障害者」といったレッテルを貼られていると、ASDという診断名に自分が丸ごと飲み込まれていくような、今までの自分がいなくなってしまったような気持ちに襲われるかもしれません。

身近な人たちの反応も気になります。ASDにはいまだにネガティブなイメージや誤解がつきまとっています。だから、ASDと知られたら、周囲からよからぬ反応が返ってくるのではないかと不安になるとしても、不思議ではありません。では、自分が人と違っている理由を知ってほっとするメリットと、レッテルを貼られてつらい思いをするデメリットの間で、折り合いをつけるにはどうすればいいのでしょうか？

ASDはいいところがいっぱい

わたしたちは同じであることが重視される社会に生きています。だから、自分が生物学的に人と「違う」と知ったら、混乱しても無理はありません。

ちなみに、わたしは映画「X-MEN」シリーズの大ファンなのですが、それは、突然変異で超人的なパワーをもつようになったミュータント集団「X-MEN」が、自分自身と重なるからです。あの映画には、ASDの人たちに対する世間の扱いを彷彿《ほうふつ》させるようなエピソードがたくさん出てきます。社会のはみ出し者であるX-MENは、自分たちを恐れている、その社会のために闘います。彼らが世界を救うためにたびたび使うパワーこそが、世間から疎《うと》まれ、非難される理由でもあるのです。

「ASD」という言葉にはさまざまな含みがあって、世の中には、こちらがASDとわかった途端、恐れたり馬鹿にしたりする人がいます。わたしも学校で「変人」と呼ばれ、意地悪やいじめを受けてきました。X-MENが特殊能力のために社会から恐れられ、見下されてきたように、ASDの人たちも、恐れられ、見下されています。

ASDのことを、まるで治療しなければならない恐ろしい病気であるかのように報道するメディアも、この問題に拍車をかけています。世間にはびこる偏見とメディアの報道姿勢が、ＡＳＤ当事者自身にＡＳＤを受け入れにくくしているのです。

でも、他人がどう定義しようと、どう感じようと、そんなものにふり回される必要はありません。ＡＳＤにはいいところがいっぱいあって、わたしはそれを特殊能力と呼んでいます。いくつか挙げてみましょう。

・正直である。
・公平感、正義感が強い。
・義理堅くて、信頼できる。
・誠実である。
・批判がましくない。
・自分と違っている人も受け入れる。
・親切である。
・頼りがいがある。
・良心的である。
・創造力がある。
・型にはまらない発想ができる。

・分別がある。
・一風変わったユーモアのセンスをもつ。
・論理的である。
・分析的である。
・問題を解決する。
・自分を楽しませるのが得意。
・学ぶことが好き。
・集中力と持続力がある。

こんなにすばらしいＡＳＤをわたしは誇りに思っています。

アインシュタインやダーウィンが示すＡＳＤの脳

ＡＳＤの脳は配線が違っていると言われます。ＡＳＤの脳は定型発達の脳とは違うという意味ですが、そこには、ＡＳＤの脳は標準（定型発達の脳）から逸脱していて、完全ではない、劣っているといった含みがあります。でも、ＡＳＤの脳はほんとうに不完全で劣っているのでしょうか？

自然が脳の違いを生み出したのには、何かしら理由があるのではないでしょうか？

定型発達の脳は社会生活に適した脳です。人づきあいやコミュニケーションをスムーズに運べるようにできています。相手のボディランゲージや表情から意味をくみ取ったり、声の調子のちょっとした変化に気づいたり、ものごとの見方の違いや隠れたメッセージ、ほのめかしなどを理解することが得意です。

一方、ＡＳＤの脳は、細部に注目し、パターンや形を見分けることが得意です。論理的に考え、分析し、一つのことをとことん追求し、専門性を育て、身近な世界のしくみを理解することに長《た》けています。

このように得意分野は異なるものの、二つの脳は補い合っています。どちらがすぐれているとか、劣っているというものではありません。定型発達の脳が共同体や文明社会を発展させ、人と人の協調を促す一方で、ＡＳＤの脳は、ものごとを分析し、体系化し、細部やパターンを識別します。そうした分析や体系化や識別によってもたらされる知識は、人間を取り巻く世界のしくみを理解するうえで助けになり、社会を発展させてきました。

世界的に有名な科学者の中にもＡＳＤとされる人たちがいます。たとえば、アルバート・アインシュタイン、チャールズ・ダーウィン、アイザック・ニュートンがそうです。

レッテル貼りには反対

世の中には、ＡＳＤを「高機能」と「低機能」に分類しようとする人たちがいます。「ふつう」そうに見えるＡＳＤと、つねにケアを必要としているように見える重度のＡＳＤに分断しようとするのです。そういう考え方がわたしは嫌でたまりません。定型発達の人の多くは、わたしがＡＳＤだと知ると、「高機能に違いない」と考え、「ふつう」っぽいと言って褒《ほ》めてくれたりしますが、それは、ほんの少ししかＡＳＤに見えないと言っているようなものです。つまり、「世間的には定型発達で通用しそうだからラッキーだね」という、陰険な含みが感じられるのです。

それに、「見た目がＡＳＤっぽくないということは、ごくごく軽いタイプのＡＳＤだろうから、生活にたいした支障はないに違いない」という考えも見え隠れしています。

でも、ＡＳＤに楽なタイプなどありません。定型発達の人たちの世界でＡＳＤが生きていくのは困難なことです。しかも10代で女子のＡＳＤともなれば、それはもう至難《しなん》の業《わざ》です。同年代の子たちが繰り広げる謎だらけの心理ゲームを理解するための苦労は、並大抵のものではありません。

クラスメートにのけ者にされたり、いじめられたりしないように、こういう場面では何を言うべきか、何を言ってはいけないか、何を着るべきで、何を着るべきでないか、何を好み、何を嫌うべきか、そういうことを理解しておかなければならないのです。

それに、感覚処理の問題からくる不快感や痛みに悩まされているのに、いつも黙って耐えなければなりません。人づきあいをめぐる不安感とも闘っています。

こうした生きづらさの多くは見た目ではわかりにくいものです。わたしが平静そうに見えるとしても、それは意志の力を総動員して頑張っているからであって、けっして軽いＡＳＤなどではありません。ＡＳＤはあくまでもＡＳＤ。ＡＳＤか、そうでないか、だけなのです。

「低機能自閉症」に対する扱いにも、わたしは反対です。無発語の（話し言葉をもたない）自閉症や、一日中ケアが必要な自閉症だからといって、知的に劣っているとか、すぐれていないわけではありません。単に、より多くのサポートが必要なだけです。つまり、「低機能」のレッテルはその人のもつ強さを無視し、「高機能」のレッテルはその人のもつ弱さを無視しているということです。どちらの表現も有害なものでしかありません。

それに機能の程度は時間とともに変化します。子どもの頃に発語が遅れて低機能のレッテルを貼られ、その後、話せるようになった人はたくさんいます。低機能というレッテルは周囲の人たちの期待値を下げ、その子の才能を伸ばしづらくします。

「はじめに」を寄せてくださったテンプル・グランディン博士は、子どもの頃、教育不可能と考えられていました。でも、その後、大学に進学し、今では何冊もの本を執筆している世界的に有名な動物科学者です。

わたしが「高機能」「低機能」のレッテル貼りに反対するのには、もう一つ理由があります。そうした分類はＡＳＤの機能レベルを固定的なものであるかのように思わせる、ということです。でも、ほんとうにわたしたちのレベルは一定不変なのでしょうか？　ＡＳＤの人にだって調子のいい日もあれば、悪い日もあります。調子の悪い日のわたしは、機能レベルが低下して、まともに話もできません。学校でそういう悲惨な状態に陥《おちい》ったことが何度もあります。

いじめに遭うと、わたしの不安レベルはぐんぐん上昇します。しかも、わたしの不安は感覚処理の問題とも関連していますから、いつもと同じ場所で、同じ人たちに囲まれて、同じ騒音や同じ照明にさらされていても、耐えられなくなる日があるのです。

四六時中、苦痛に襲われているうちに限界に達し、学校を去る頃には、もうコミュニケーション不能のシャットダウン状態に陥っています。そうなったときのわたしは、どこか静かな場所へ行かない限り、回復は望めません。

打ち明けることのメリット、デメリット

「ＡＳＤ」と診断されたら、かならず周囲に伝えなければならないわけではありません。人それぞれに事情は異なるでしょう。打ち明けるか、打ち明けないかの問題には、一律に正解も不正解もありません。でも、一度、打ち明けたら撤回はできないので、まずメリットとデメリットの両方を考えておく必要があります。

打ち明けることのメリットには、次のようなものが考えられます。

＊必要なサポートを受けやすくなる――こちらの抱えているニーズ、とくに感覚過敏やコミュニケーション上の困難を知らせれば、それだけ相手もこちらを助けやすくなります。

＊素の自分でいられるようになる――10代のＡＳＤ女子は仲間外れにされるのが怖くて、必死でクラスメートと同じふりをします。自分ではない誰かのふりをするのはとても疲れることです。自分

自身でいられるようになれば、肩の荷が軽くなります。

＊周りの理解が進む——ＡＳＤは目に見えないため、何かと誤解されがちです。行動やふるまいを奇妙に思われたり、他の子たちと違うと思われたりします。ＡＳＤだと打ち明ければ、相手は、他の10代の子たちと違っている理由を理解します。こちらがオープンになってありのままを伝えるほど、相手もサポートのための心構えをしやすくなります。

＊社会の理解が進む——ＡＳＤを打ち明けることは、自分自身を助けるだけでなく、他のＡＳＤの人たちの助けにもなります。ＡＳＤを隠さない人が増えれば、社会の認識や固定概念が変わります。定型発達の人たちがＡＳＤを知れば知るほど、当事者への理解とサポートが進みます。

とはいえ、ＡＳＤを公表しないことを選択する人たちもいます。打ち明けることで生じるデメリットには、次のようなものが考えられます。

＊周りの態度が変わる——身近な人たちの態度や視線が変わるかもしれません。とくに内気なタイプのＡＳＤは余計な注目は浴びたくないでしょう。誰がどんな反応を返してくるかは予測しにくいものです。打ち明けられた相手は面食らうかもしれないし、こちらを避けるようになるかもしれません。

＊ＡＳＤを理解してくれない——社会の理解が十分でないことは事実です。ＡＳＤがどういうもの

かを知らない人たちは、まだ固定概念に縛られていたり、誤解していたりします。女子にＡＳＤはあるはずがないと思っている人たちもいます。

わたし自身はＡＳＤであることに満足しているので、基本的にオープンにしています。それでも、打ち明けて後悔したことがないわけではありません。たとえば、去年の夏、カナダのペリメーター理論物理学研究所で若者向けの２週間の夏季研修に参加したときがそうでした（言い忘れていたかもしれませんが、わたしは数学・物理オタクです）。

暗黒物質の研究施設を見学しに行った日のこと、５時間ほどのバス移動で、とてもフレンドリーな男の子と隣同士の席になりました。行きも帰りも研究施設のことで話が弾《はず》み、その子とは共通点が多いこともわかってきたので、わたしはいい友だちになれそうだと感じていました。そこで、宿舎に到着する直前になって、自分がＡＳＤであることや、社会のネガティブな認識を変えるための活動に打ち込んでいることを打ち明けたのです。

すると、男の子の態度が一変しました。それ以降、二度と言葉を交わすことはありませんでした。夏季研修の期間中、その子は、近づいたら病気が移るとでも思っているかのように、わたしを避け続けたのです。

ＡＳＤに偏見を抱いている人に拒絶された経験は、それが初めてではありません。何度か同じような目に遭ってきました。でも、わたしはこう思うのです。相手の態度はわたしのことよりも、むしろ、その人自身のことを多く物語っているのだと。自分とは違う人間に対して一方的にレッテルを貼り、不寛容な態度をとる人は、所詮《しょせん》、よい友人にはなりません。もちろん、この種の経験には傷つけられ、がっかりさせられることもたしかですが。

家族に知らせるとき

家族ならＡＳＤを理解してサポートしてくれると思いたいところですが、ものごとはそうシンプルには進みません。残念ながら、家族にも頭の固い人や心の狭い人はいます。とくに、年を重ねて、「ふつう」とはこういうものだという観念が出来上がってしまっている人には、理解が難しいかもしれません。

家族に打ち明けるかどうかを決めるときは、次の二つの点を考慮してください。一つ目は、知らせることが自分にとってプラスになるかどうか。いっしょに過ごす時間が長い人たちには、知ってもらっておいたほうがいいでしょう。二つ目は、相手が心の広い柔軟な人かどうか。その人がＡＳＤを治療しようと躍起《やっき》になったり、こちらのことを恥《は》じたりしそうな人だとしたら、知らせないほうが無難です。

基本的にわたしは、親類は理解してくれると思っています。ＡＳＤは家系に伝わるものですから、親戚や家族の中にもＡＳＤの人がいる可能性が非常に高くなります。わたしの場合、親戚のおじとおば、そして、おそらくは祖父も、診断こそされていませんがＡＳＤです。それに、まだ正式に診断されてはいない妹も、わたしたち家族の印象ではたぶんＡＳＤです。一族の中でわたしだけがＡＳＤというわけではないのです。

学校に知らせるとき

学校に知らせることを、わたしは強くお勧めします。たしかに、普通学校にはＡＳＤのことをほとんどわかっていない先生が多くて、このわたしも、打ち明けるたびにショックを受けてきました。それでも知らせてよかったと思っています。

ＡＳＤと診断されるまでのわたしは、つきあいの悪さや消極的な学習態度をしょっちゅう非難されていました。先生たちから一方的に叱られることが多くて、たとえば、制服のちょっとした違反で何度か叱責《しっせき》されたこともあります。

ある先生は、わたしがシャツのいちばん上のボタンを締めていないことに目くじらを立てていました。じつを言うと、わたしにとってはシャツのゴワゴワした肌触りが問題でした。授業に集中できなくなるほどの苦痛を感じるのです。いちばん上のボタンを外していたのは、反抗的態度を示すためでも、ファッションのためでもありません。あくまでも、感覚過敏を和《やわ》らげて、授業に集中するためです。

でも、校則を徹底することしか頭にない先生は、わたしがシャツのいちばん上のボタンを外すことをひたすら問題視しました。ＡＳＤの診断が下った後、わたしが感覚処理の問題を説明すると、学校側は柔軟に対応してくれるようになりました。

ＡＳＤを打ち明けておかなかったことを後悔した経験もあります。一クラスに生徒が６人しかいない小規模の普通小学校に通っていたときのことです。当時、わたしは10歳。翌年にはセカンダリースクールへの進学を控えていました（訳注：セカンダリースクールは11～16歳が通う中学校）。卒業前の演劇発表会に向けて、担当の先生が『ジャングル・ブック』を演目に選び、わたしたち６人には重要な役どころが与えられました。小学校最後の晴れ舞台ですから、当然といえば当然でしょう。

でも、言っておきますが、このわたしに舞台で名演技を期待するなんて、どうかしています！しかも、よりによって、黒ヒョウのバギーラ役に抜擢《ばってき》するなんて無謀《むぼう》すぎます。バギーラ役は、毛皮風の黒い着ぐるみをすっぽりかぶって、舞台を猫のように這いつくばらなければなりません。おまけに頭上からは太陽よりも強烈なスポットライトが当てられるのですから、わたしには拷問《ごうもん》以外の何ものでもありません。

着ぐるみは暑苦しくて、肌をちくちくと刺してきます。生きたまま蒸し焼きにされるような感覚と、身体中を無数の虫が這い回っているような感覚が、同時に襲ってきます。わたしは先生に苦痛を訴えました。でも先生は、「バギーラ役を演じるのはいい経験になるから、やりなさい」としか言いません。挙げ句の果てに、あなたの芝居は大げさだとか、自分だけ注目されたいのだろうと非難されました。

言うまでもなく、わたしにはまともにバギーラを演じることなどできません。感覚過敏から来る痛みと不快感のせいで、演技に集中するどころではないのです。

本番の１週間前、校長先生が母に電話をかけてきました。お宅の娘さんはお芝居に真剣に取り組んでいないから、このままでは作品全体が台無しになる、心を入れ替えてまじめに取り組むか、そうでなければ、降板してもらうしかない、云々《うんぬん》。

当日、わたしは耐えに耐えて舞台に立ちました。でも、楽しい思い出になるはずの経験はトラウマになって終わりました。わたしはわざとお芝居をぶち壊しにしたわけではありません。それどころか、絶え間ない苦痛と不快感の中で、最大限の努力をしたつもりです。

でも、ふり返ってみて、こうも思うのです。もしあのとき学校にＡＳＤを知らせていたなら、わたしの訴えを聞き入れてもらえただろうし、そうすれば、ふるまいを非難されたり、誤解されたりせずに済んだのではないかと。

クラスメートに知らせるとき

クラスメートにＡＳＤを知らせると、どんな反応が返ってくるかわかりません。知らせるには勇気が必要です。知らせれば、クラスメートに受け入れられて、理解とサポートが得られる可能性もあります。

「わたし」という人間を今までより理解してくれるかもしれないし、ある種の状況でこちらが見せるふるまいに関して、誤解を解いてくれるかもしれません。

わたしの知り合いに（ここではレスリーと呼んでおきましょう）、ランチタイムに毎回同じ席に座らないと不安に襲われるＡＳＤの女の子がいます。クラスメートにいつもの席に座りたいと言っても、まるで取り合ってくれません。どの席も同じではないかと言われてしまいます。

レスリー自身にも、さっぱりわかりません。なぜ決まった席に座らないと不安でたまらないのか、なぜ一日中、そのことが頭から離れなくなるのか。

やがて、ＡＳＤの診断が下ると、決まった行動（レスリーの場合は同じ席に座ること）へのこだわりがＡＳＤの特徴の一つだと知りました。レスリーがさっそくクラスメートに打ち明けたところ、同じ席に座ることの重要性をわかってもらえました。ルーティンの突然の変更に適応することがレスリーにとってはどれほど難しいかを、友人たちは理解してくれたのです。

一方、クラスメートに打ち明けることにはデメリットもあります。その一つが、からかいやいじめの対象になりやすいことです。悲しいことですが、学校にいるのは優《やさ》しい子ばかりではありません。こちらを弱虫だとか、いいカモだと見なす子は一定数存在します。ＡＳＤ女子はみな、そういう子たちに出会ってきました。

誰かを貶《おとし》めることで自分の地位を築こうとする子や、誰かを不幸にし、傷つけることに喜びを覚える子は、クラスの中にかならずいて、ＡＳＤを格好の攻撃材料にしてきます。おそらく、そういう子は、今までだって親切ではなかったはずです。ましてや、こちらがＡＳＤだとわかれば、侮辱《ぶじょく》的《てき》なあだ名をつけたり、うわさ話やデマを流したりするかもしれません。

別のクラスメートが味方してくれるといいのですが、わたしの経験から言って、クラスメートの大半は傍観するだけで、かかわろうとはしないものです。

ＡＳＤをクラスメートに打ち明けることで、学校生活が今より困難になりそうな場合は、打ち明けないほうがいいでしょう。

仲間の存在

わたしは自分と同じＡＳＤ女子に囲まれていると解放感を覚えます。ＡＳＤ女子との交流には多くのメリットがあります。その一つは、安心して仮面を外し、自分自身でいられることです。ＡＳＤの苦労や課題をありのままにオープンに話せるというメリットもあります。ＡＳＤの人たちには共通の言語があり、共通の経験があります。定型発達の人たちには考えられない方法で、一つになれるのです。

残念ながら、わたしが他のＡＳＤ女子と会って話す機会はめったにありません。数ヵ月前にやっと出会った16歳のＡＳＤ女子も、それが初めてだと言っていました。とくに普通学校に通っている場合、周りにＡＳＤ女子はそう多くはいないかもしれません。

わたしは、ＡＳＤの女子同士が集まって仲よくすることは、アイデンティティと自尊心を保つうえで欠かせないことだと思っています。それを実現するには、地域のＡＳＤ女子グループに参加するという方法があります。近隣にそういうグループがすでにあるかもしれません。地元のＡＳＤ関連団体に問い合わせるといいでしょう。

　もし地域にグループがなければ、新しく立ち上げるという手もあります。親に手伝ってもらってはどうでしょうか。フェイスブックでグループを立ち上げて、ツイッターなどのソーシャルメディアで宣伝すれば簡単です。

　最近わたしは、ロンドン南部のクロイドンで開催しているプレティーンのＡＳＤ女子の集まりにお邪魔しました。じつはグループの保護者の一人がツイッターで連絡をくれたのです。

　似た者同士の女の子たちと過ごすひとときは、わたしに新鮮な驚きと解放感をもたらしてくれました。自分とは違う興味・関心の対象をもつ子たちと話をするのが、こんなにも楽しいとは！　そして、こういう場に参加する最大のメリットは、ほんとうの自分をありのままに受け入れてもらえることにあります。

第4章　自分らしく生きるって言うけれど

仮面をかぶる

よく言われるように、自分らしく生きることは大切です。ソーシャルメディアにも「自分を愛そう」「自分に正直でいよう」といった励ましのメッセージがあふれています。でも、実践するとなると、言うほど簡単ではありません。他人と同じことがよいとされる世界で、自分らしく生きるのは至難《しなん》の業《わざ》なのです。

自分に正直に生きることとは、他人の目を気にせず、他人の基準や期待に合わせずに生きることです。でも、現実社会は、周囲に合わせて生きるのが最も楽な道だと教えています。ＡＳＤの人たちは、大多数と同じでなければならないというプレッシャーにさらされています。みんなと違う人は厳しい扱いを受ける、というのが実情なのです。

ほとんどの人は周囲に受け入れられたいと思うものです。ＡＳＤ女子も例外ではありません。でも、世の中には、何の苦もなく適応できる人たちがいる一方で、なかなか適応できない人たちもいます。その点でＡＳＤ女子は分《ぶ》が悪いと言わなければなりません。

相手の表情、声の調子、身振り手振りなど（社会的合図）から、その人の意図や感情を読み取ることが苦手だからです。そんなＡＳＤのふるまいやこだわりは、クラスメートから、何かと奇異に思われがちです。だから、ＡＳＤの人たちの多くは、空気の読めないおかしな人間と思われないようにするために、周囲に合わせることが近道だ、と考えるのです。

その近道とは、ふるまい方を変えて個性を隠すこと、つまり「**仮面をかぶって**」ＡＳＤを見せないことです。定型発達の人たちに「ふつう」と見てもらえるよう、社会的に容認してもらえるように、ＡＳＤを封印しようというわけです。

ＡＳＤの人たちの中には、仮面をかぶる行動を「なりすまし」とか「カモフラージュ」と表現する人もいます。呼び方はどうであっても、ＡＳＤの多くが対人不安や感覚過敏を隠さなければならないと感じているのは確かです。ＡＳＤであることを理由に非難されたり、傷つけられたりしたくないからです。

仮面をかぶるために、ＡＳＤの人はこんなことをします。

・周囲を観察して、行動をまねる。
・必死にアイコンタクトをとる。
・無理やり顔の表情に変化をつける。
・相手のボディランゲージに合わせて、自分もボディランゲージを使う。

・会話の方向や内容を予測して台本をつくり、暗記する。
・感覚過敏（音、光、感触などに対する苦手さ）を隠そうとする。
・スティミング（訳注：身体を揺らす、歩き回る、音や言葉を繰り返すなどの自己刺激行動。常同行動とも呼ばれる）をしないようにする。自分が興味関心をもっていることを話題にしないようにする。
・定型発達の人たちが好みそうな人物のまねをしたり、そういう人物に興味があるふりをしたりする。

「優しい嘘」

ほとんどの人は、周囲と調和し、社会的なルールや期待に沿った行動をとるために、少しばかり我慢しながら生きています。でも、ＡＳＤの人が違うのは、その我慢が少しでは済まないことです。仮面をかぶってＡＳＤを隠すためには、つねに細心の注意を払わなければなりません。

ＡＳＤの人にとって、人づきあいのルールや基準は難解そのものです。首をひねりたくなるほど非論理的で矛盾《むじゅん》に満ちています。社会の暗黙のルールの中でも、わたしがとりわけ理解に苦しむのは「優《やさ》しい嘘《うそ》」と呼ばれるものです。嘘をつくのはよくないと教えられているのに、その嘘が許されるどころか、期待される場合があるなんて、まったく理解できません。

たとえば、髪を切ったばかりの人に感想を求められたとしましょう。こちらとしては全然イケてないヘアスタイルに思えても、本音を口にするのはよくないこととされています。相手の気分を害さないように、こういう場合は嘘をつくのが社会的には正解であり、本音とは正反対のことを言わなければならないのです。

ASDの人にとって、社会的なルールや基準はすんなり身につくものではありません。だから、たいていの場合は、周囲の人間やテレビや映画を観察しながら、どういう行動が「求められるか」を推測してまねることになります。

ASD女子の多くは、その場の状況や相手のタイプに合わせて仮面を使い分ける役者になっていきます。わたしもさまざまなテレビ番組を観て、特定のタイプの人たちのふるまいを学んできました。どういうときにどんなボディランゲージが使われ、どういう表情やジェスチャーや癖があらわれるか、どんな表現がたとえ話や比喩《ひゆ》に当たり、額面どおりに受け取ってはいけないか……。

以前のわたしは、自分らしさを押し殺したり、ふるまい方を変えたりして、周囲に合わせようとしていました。自分は学校の他の女子たちと違うとは感じていたものの、その違いが「目立つ」のは嫌だったのです。だから必死で努力しました。学校で交わされる会話を予想して、台本をつくり、それを暗記したり、仲よくなりたい女子たちを観察しては、その子たちが関心をもっているものに同調したりしました。

当時はみんながボーイズバンドのワン・ダイレクションに熱を上げていたので、わたしも本心を隠して好きなふりをしていました。ほんとうの興味の対象は別のところにあるのに、退屈だと思われたくないから隠すことにしたのです。

みんなを怒らせたり、がっかりさせたりしないように、おおらかで感じのいい人物になろうと心がけました。そのおかげで、何人かと友だちにはなれましたが、ほんとうの友情とは程遠いものでした。わたしは単に役柄を演じていたにすぎません。相手にありのままの自分を見せずにいたのですから、ほんものの友情ではないという意識もぬぐえませんでした。

やがて、偽《いつわ》りと演技という土台の上にほんものの意義ある友情は築けないということを学びました。

人に合わせることに疲れ果てる

自分ではない人間のふりをすると、エネルギーをたくさん使います。ストレスも半端ではありません。自分では気づかないうちに、ちぐはぐな言動をしてしまわないか、いつか仮面が外れて、嘘つき呼ばわりされるのではないか、そういう恐怖といつも隣り合わせだからです。

わたしの場合、誰かと世間話をするときには、それと同時に、頭の中で自分との対話が進行していました。「今、わたし一方的にしゃべりすぎていないかな？」「顔の表情にちゃんと変化をつけてる？」「このボディランゲージでＯＫ？」「今は何か言うべきタイミングかな？」「さっきのは失言だったかしら？」「えーと、次は何て言えばいいんだろう？」

誰かと会話しているとき、わたしの心はパニック状態で緊張しっぱなしでした。相手が発するシグナルを読み違えたり、見落としたりしていないか、心配でたまらなかったのです。

こうした心理的な綱渡りの先に待っているのは、激しい疲労です。学校生活を乗り切るために誰かを演じていると、とんでもなくエネルギーを使います。しかも、そういう人づきあいからくる疲労は、たいていの場合、家庭で解消することになります。

ＡＳＤを隠すことに全エネルギーを注いでいると、学校では行儀のいい模範的な生徒で通るでしょう。でも、そうやって周囲に溶け込むために、先生にいい印象を与え、クラスメートに合わせる一方で、感覚過敏からくる苦痛や不快感に耐え、不安を押し殺していれば、ものすごく疲れるはずです。家に帰る頃には、それまで抑え込んできた緊張感とストレスは限界に達しているでしょう。

家にたどり着き、ここなら爆発しても大丈夫だと感じた途端、かんしゃくを起こして、家族と口ゲンカしたり、暴言を吐いたりするかもしれません。そんな豹変《ひょうへん》ぶりに家族は戸惑うでしょう。学校と家庭で態度が違う理由がわからないからです。まるで別人のように見えるかもしれません。でも、ある意味、別人なのです。学校ではＡＳＤを隠し通し、家庭では、安心して、素《す》の自分を出しているのですから。

そんなふうに爆発するのは、ありのままの自分でも親に愛してもらえるという安心感があるからです。わざと気難しくしているわけでも、かまってほしくて駄々《だだ》をこねているわけでもありません。学校で、一日中抑え込んできた不安と不満を、ようやく解放できる安全圏に戻ってきたというだけです。

学校から帰ってくると家族に食ってかかってしまうという人は、どうか、自分の気持ちを家族に話してみてください。この章を読んでもらってもいいでしょう。学校で長い一日を過ごしてきた後は、回復と充電の時間が必要です。帰宅したら、リラックスの時間をつくりましょう。

自分に合った癒《いや》しのアクティビティに浸ってください。たとえば、お風呂に入る、昼寝をする、散歩に出かける、音楽を聴《き》く、本を読む、ケーキを焼くなどでもいいでしょう。

わたしは帰宅後に1時間ほど息抜きをするのですが、それが必要なことを家族も理解してくれています。だから、学校から帰ると、わたしは自分の部屋に直行して音楽を聴いたり、愛犬のリコと遊んだり、テレビを観たりします。そういう自分だけの時間がわたしには欠かせません。

ほんとうの自分がわからない

以前のわたしは、いくつものキャラクターを演じているうちに、ほんとうの自分がわからなくなっていました。誰かと長い時間をいっしょに過ごしていると、相手の口調や癖を吸収して、その人の生き写しのようになることさえありました。

自分ではない誰かのふりをしたり、さまざまな役割を演じ分けたりしていることには、大きな弊害があります。それは自分のほんとうのアイデンティティを見失うということです。環境に合わせて皮膚の色を変えるカメレオンのように、背景に溶け込んで、自分を目立たなくさせていると、やがては、ほんとうの自分がぼやけてくるのです。

自分ではない誰かのふりをし続けることは、自尊心や自己価値を傷つける行為です。ASDの人たちの多くは、ありのままでは周囲に受け入れてもらえない、愛されないという思いから、仮面をかぶるしかないと感じています。

そこには、自分はどこかが間違っていて、価値のないダメな人間だという感覚や、ありのままの自分でいるのは安全ではないという感覚があります。社会の側がもっとASDを理解し、受け入れる努力をしていれば、こんなふうに感じずに済むのでしょう。でも、悲しいことに、社会が大多数とは違う人間を受け入れるようになる日は、まだまだ先のようです。

ただし、差別や非難を恐れて自分のアイデンティティを隠さなければならないと感じているのは、ASDの人たちが初めてではありません。少し前まではLGBTQ（性的マイノリティ）の人たちも同じような思いをしていました。闘い続けてきた彼らの姿には勇気づけられるものがあります。

仮面が裏目に出るとき

周囲に溶け込もうとして仮面をかぶっていると、そのふるまいが裏目に出るときがあります。人づきあいはとても複雑なものです。みんなのまねをしていれば、かならずうまくいくとは限りません。

これはだいぶ前の話ですが、わたしのクラスに、よくジョークを言ってはみんなを笑わせる男の子がいました。それを見ていたわたしは、自分もみんなを笑わせなければいけないと思って、ジョークを暗記して、クラスメートたちの前で披露してみました。しかも、一度や二度ではなく、何度も、です。

わたしは、同じジョークを言うたびに笑いが返ってくるものと期待していました。でも、なぜか、みんなは笑ってくれません。イライラする相手の様子に、わたしは訳がわからなくなってしまいました。

でも、今ならわかります。ジョークが笑ってもらえるのは、最初に言ったときだけなのです。もし同じジョークを使うなら、相手を変えなければなりません。こうした微妙な駆け引きとか、暗黙の了解といったものは、成長して人とのかかわり方を学ぶにつれて理解できるようになりました。

他人のまねは、度が過ぎれば、不気味に思われることすらあります。10代の女子は、服やメイクやヘアスタイルの流行を追いかけ、まねすることに熱心ですが、その点ではＡＳＤの女の子も変わりありません。ただし、ＡＳＤ女子のまね方は度を超す場合があるので注意が必要です。

たとえば、クラスでいちばん人気のある女子に目をつけると、行動から外見に至るまで、徹底的にその子のまねをしたりします。そうすれば、自分も受け入れてもらえると思うからです。その子が凝《こ》った編み込みヘアにしていて、クジラ形のペンケースと紫色のバックパックを愛用しているとしたら、ＡＳＤ女子は同じ編み込みヘアにして、同じペンケースとバックパックを買ってきます。

でも、そんなふうに、誰かの人気にあやかろうとしてまねをしていると、むしろ逆効果になりかねません。まねをされた相手はせっかくの個性的なルックスを奪われたと感じて、腹を立てるかもしれないし、クラスメートたちは、こちらの執着ぶりを異常と感じるかもしれません。

大切なのは、周囲と調和しつつも、自分らしさを保っていくために、ちょうどいいバランスを見つけることです。クラスの誰かのクローンみたいな格好をして学校に通うのは、やりすぎだと思ったほうがいいでしょう。

ＡＳＤ女子は学校ではとかくへこまされがちです。周囲との違いばかりが注目され、ポジティブな性質には目を向けてもらえないために、自信を失っていくのです。

でも、ＡＳＤにはすばらしいところがたくさんあります。最高の友人にもなれます。誠実さと率直さ、ユーモアのセンスがあります。弱い立場の人を擁護する気持ちが強く、頼りがいと包容力と寛容さを備えています。興味深くて、良心的で、親切です。だから、クラスメートに何を言われようと、どう扱われようと、ＡＳＤを恥《は》じる必要などありません。

わたしがこの本を書いているのは、ＡＳＤの人たちに自分のすばらしさに気づいてほしいからです。どうか顔を上げて、ＡＳＤであることを誇りに思ってください。

事態を悪化させない法

仮面をかぶって生きていると、とほうもない努力と自制心と集中力が求められます。だから、心身ともにどっと疲れが出ます。そのうえ、自分のアイデンティティがわからなくなるという喪失感まで加わるのですから、やがて心の健康まで蝕《むしば》まれ、重度の不安や抑うつに陥《おちい》ってもおかしくありません。これは、対人関係の難しさから来る「**ASD特有の燃え尽き症候群**」と呼ばれる状態です。

人づきあいに疲れ果て、にっちもさっちも行かなくなったときは、親か、教師か、信頼のおける誰かに助けを求めてください。独りで我慢していると、事態は悪化する一方です。こうした燃え尽き症候群はASDの人によく見られる症状であって、珍しいことではありません。早く自分の気持ちを打ち明ければ、それだけ早く楽になれます。

助けを求めるには勇気がいることでしょう。最大の難関は最初の一歩です。でも、その一歩を踏み出せば、かならず助けは得られます。

世界をよりよい場所に

仮面をかぶるというふるまいは、ASDの人が定型発達の世界で生き延びるための苦肉の策です。自分は社会に容認されないということを思い知らされ、非難され、裁かれ、拒絶され、迫害されてきた挙げ句の苦渋《くじゅう》の選択です。ネガティブな視線を避けるため、安心感を得るためには、みんなと同じようにふるまうのがいちばんだと思うようになったわけです。

けれども、ASDがみんなと同じであるわけがありません。ASDは見た目ではわかりづらく、本人も黙って耐え忍んでいます。そのために、社会は、ASDの人たちが日々、どんな壁に直面しているかを理解できていません。

たとえば、わたしにとって、外出することはたいへんな勇気と決心が試される苦行《くぎょう》のようなものです。音、光、臭《にお》い、接触に対する感覚過敏に耐えなければならないし、人前でおかしな言動をしないかという対人不安とも闘わなければなりません。学校がある日は、朝、玄関のドアを開けた瞬間から、感覚器官は一斉攻撃にさらされます。

自動車、バイク、工事の音が、互いに反響し合って、耳をつんざくような大騒音に変わります。地下鉄では、すれ違う人たちの香水、シェービングクリーム、化粧水、デオドラント剤、モーニングコーヒーの臭いが渾然一体となって押し寄せてきて、吐きそうになります。

そんなとき、誰かにうっかり押しのけられようものなら、今度は、接触した個所がうずき始め、その痛みはあっという間に全身に広がっていきます。脈打つような痛み、悪臭のカクテル、音と音の不快な重なり、にらみつけるようにギラギラとした照明、そういうものからは、何としてでも注意をそらさなければなりません。

学校に向かって歩きながら、わたしは外界をシャットアウトしようとします。緊急車両の甲高いサイレンや、道端に積まれた収集前のゴミの腐敗臭をブロックしなければなりません。一歩進むごとに重くなっていくスクールバッグと格闘を繰り広げているうちに、だんだん視界がぼやけてきます。転ばないように歩くだけでも一苦労です。

気を紛《まぎ》らわすために好きな音楽に耳を傾けたり、深呼吸をしたり、愛犬の柔らかな感触を思い出したりしても、心臓のバクバクは収まりません。胃がむかついて、不安のレベルは上昇するばかりです。家を出てから30分、学校にはまだたどり着いてもいません。これから長い一日が待っているというのに、すでにくたくたです。

学校に着いたら、今度は女子トークにつきあわなくてはなりません。みんなは何の苦もなく会話を交わすでしょう。でも、わたしは、どの台本で行くかを見きわめなければなりません。気をつけなければならないことが山ほどあります。ちゃんとアイコンタクトをとれるか、相手のボディランゲージをまねられるか、表情に変化をつけられるか、いつ口を開くべきか、どんなときに笑い、どんなときに声の調子を変えるべきか、次に何を言うべきか……。

自分の言動がぎこちなく不自然に思われないかも心配です。会話の終わらせ方がわからなくて、内心、パニックになるときもあります。視界がぼやけて、心臓はバクバク。めまいがしてきます。

現実として、ＡＳＤの人たちを取り巻く世界は、ＡＳＤを理解しようとか、受け入れようという努力をほとんどしていません。でも、誰であれ、他者との違いをひた隠しにすることを選ばなければならない世界など、あっていいわけがありません。感覚過敏からくる不快感や苦痛に黙って耐えたり、レッテル貼りや軽蔑の目を恐れて人づきあいの困難さを隠したりすることは、当然であってはならないのです。

では、自分自身を守りつつも、抱えている困難を隠さず、自分らしく生きるには、どうすればいいのでしょうか？　そのバランスをとることは、残念ながら、簡単ではありません。

わたしは、社会はもっと包括的《インクルーシブ》になる（多様性を認める）必要があると思っています。人種、民族性、ジェンダー、性的指向、宗教、障害などの違いに対する社会の理解と寛容さはまだまだ不十分です。ＡＳＤであれ何であれ、特定の人びとが自分のアイデンティティを隠さなければ、周囲に受け入れられ、尊厳と敬意をもって扱われないような社会はかっこ悪いとわたしは思うのです。

この世界をもっとＡＳＤに優しい場所にするためには、ＡＳＤの当事者がみずから発信していく必要があります。定型発達の人たちの大半はＡＳＤがどんなものかを知りません。この世界がどれほどＡＳＤに優しくないかを理解していないのです。

ならば、こちらから知らせてあげましょう。

実際、わたしは、ＡＳＤの生活向上に情熱を注いでいるすばらしい人たちにたくさん出会ってきました。ＡＳＤの当事者もいれば、そうでない人もいますが、みんな、今のＡＳＤ世代のためだけでなく、将来の世代のためにも、世界をよりよい場所にしようと努力しています。

わたしが自分の体験をこうしてシェアしているのも、一人の人間には世界を変えるだけの力があると信じているからです。ならば、ＡＳＤコミュニティには、社会の扱いを変えることができるはずです。

わたしは、いつの日かＡＳＤが理解され、受け入れられ、自分らしく生きられるようになることを願っています。ＡＳＤの人たちは、周囲と合わせるためではなく、違いをもつために生まれてきたのですから。

第5章　つきまとう感覚過敏とどうつきあえばいい？

感覚オーバーロードが起こると

感覚過敏はＡＳＤの大きな特徴の一つです。消えてなくなることはありません。感覚情報にフィルターをかける能力をもたないのはとてもつらいものです。とくに、長い一日が終わる頃には、自分を守る力が弱っているため、感覚過敏は耐えられないレベルに達します。

そうした限界を超えた状態、つまり感覚に過剰な負荷《ふか》がかかって脳が処理しきれないオーバーロード状態は、心と身体にネガティブな影響を及ぼします。でも、そのつらさや苦労を定型発達の人たちはほとんど理解していません。体験したことがないからです。

わたしはスーパーマーケットが大嫌いです。果物や野菜からはさまざまな臭《にお》いが漂ってきます。ムッとするような臭い、鼻をつく臭い、カビ臭さ、すえたような臭い。そこにチーズや魚、洗剤の臭いが合わさって、一斉に襲いかかってきます。

通路を行き来するショッピングカートの金属音、明るすぎる照明、閉所恐怖症を起こしそうなくらいぎゅうぎゅうに詰め込まれた商品棚や色とりどりの製品、売り場ごとに大きく変化する気温、どれもこれも、わたしにとっては苦痛以外の何ものでもありません。

スーパーにいる間は、最大限に警戒しっぱなしです。どこかの元気な子どもがすれ違いざまに軽く接触してくるかもしれないし、近くのスピーカーが、突然、大音量でアナウンスを始めるかもしれません。まったく気が抜けないのです。

ギラギラした光、ビニール袋の乾いた音、ガラスのような床面に響く靴音、レジ前の騒然とした雰囲気……ああ、もう、うんざり！　思わず、耳をふさぎ、身体を丸めて、やめてと叫びたくなるほど、感覚オーバーロードは圧倒的な力でのしかかってきます。

ＡＳＤの子どもや若者が、騒音、臭い、人ごみ、カオスに圧倒され苦しんでいる姿に、わたしは同情せずにいられません。とくに、感覚オーバーロードのせいで床に倒れてもがいている子どもを見ると、胸が押しつぶされそうになります。

定型発達の人たちの目には、ただの行儀の悪い子にしか見えないでしょう。甘やかされていると思う人も、しつけがなっていないと言って、親を責める人もいるでしょう。でも、感覚オーバーロードのせいでＡＳＤ当事者がどれほど傷つき、どれほど苦労しているかは理解されていません。

こうした場合、自分ではコントロールできないケースも多く、本人はものすごく気まずい思いをしています。自分の反応が「ふつう」でないと思われていることもわかっています。周囲の人たちが眉《まゆ》をひそめていることにも気づいています。

だからわたしは、感覚過敏がいよいよ限界に達しそうになると、声を出して自分に言い聞かせるようにしています。「大丈夫だよ」と言ってみたり、前向きで肯定的な言葉を繰り返してみたりして、自分をなだめようとします。頭を占領しかけている騒音に対抗するには、自分の声を出すしかありません。

定型発達の人は、大声で独《ひと》り言《ごと》を言っているわたしを見れば、きっと妄想《もうそう》にとりつかれているか、アルコールやドラッグでハイになっているのだろうと思うでしょう。でも、どんなに恥《は》ずかしいふるまいであっても、感覚オーバーロードを阻止するためであれば、そうするしかないのです。

影響を最小限にするヒント

刺激に対する耐性を育てて感覚過敏をなくすことは無理だとしても、感覚過敏とつきあっていくことは可能です。たとえば次のような方法をとれば、日常生活への影響を最小限にとどめることはできるでしょう。

＊自分に合ったサバイバルキットをつくる――わたしはサバイバルキットにかならずヘッドフォンを入れています。音楽はわたしの感覚過敏対策には欠かせません。だから、ヘッドフォンは「マストアイテム」です。不快な臭覚刺激への対抗手段としては、ロールオンタイプのアロマオイルを何本かもち歩いています。とくにラベンダーとジンジャーはお気に入りのアロマです。不快な臭いをブロックしたいとき、鼻の穴の周りに塗って使っています。

タイガーバームは、誰かとぶつかってしまったとき、接触個所に塗るために入れています。メントールはスッとするので、ぶつかったところのうずきを鎮《しず》めてくれるのです。

それからポケットティッシュはいつも2袋もっています。ジーンズのお尻の左右のポケットに入れておくと、座り心地の悪い椅子に長時間座らなければならないときに、クッション替わりになってくれます。ベタベタしたものや粉っぽいものが手につくと耐えられないので、ウェットティッシュも用意しています。

唇が乾いたときのためにメントールのリップバームも欠かせません。ヘアバンドも何本か余計に入れています。ストレスを受けたときは、このヘアバンドをこっそりいじっていると気を紛《まぎ》らわすことができます。あとは胸やけ用の薬とスナック菓子も一つ。でも、これはあくまでもわたしのサバイバルキットの話です。

人によって、内容はまったく違ったものになるかもしれません。重要なのは、日常的な感覚刺激を鎮めてくれそうなアイテムを揃えておくことです。わたしは季節や状況（たとえば飛行機での旅行など）に合わせてサバイバルキットの中身を変えるようにしています。

＊音楽を聴《き》く――わたしの場合、音楽が感覚オーバーロードに対する最大の武器です。音楽を聴いていると、周囲の音を遮断《しゃだん》して、不快感から気をそらすことができます。気分もよくなってきます。

＊感覚過敏を理解してもらう――感覚過敏のつらさをできるだけ周囲に伝えてください。家族、学校の先生、友人に、詳しく知ってもらいましょう。わたしも、他人が自分と同じように感じている

と思い込んでしまうときがあります。でも、それは違います。
自分が何をどんなふうに感じているかは、自分で発信していくしかありません。具体的に伝えましょう。どんな感覚刺激が引き金になり、どんな反応が起きやすいかを相手に理解してもらえれば、それだけサポートを得やすくなります。

＊自分の聖域をつくる――外の世界で傷ついて帰ってきた後は、誰にも邪魔されない自分だけの聖域が必要です。わたしは自分の部屋を聖域にしています。そこでは傷を癒《いや》し、気持ちを鎮め、充電することができます。どぎつい照明も不快な音や臭いもありません。自分の部屋は完全に自分でコントロールできる場所です。

聖域をつくるときは、自分の好みをとり入れましょう。ちょっとした違いで結果は大きく変わってきます。色彩によって気分が変わることを覚えておいてください。わたしは自分の部屋の壁をグレーがかったブルーに塗り替えました。その色のほうがリラックスできると気づいたからです。だから、自分に合った色を探してみてください。

それから、散らかっている部屋と片づいている部屋では、どちらがよりポジティブになれ、リラックスでき、冷静になれるかも見きわめましょう。わたしの場合、片づいている場所のほうが落ち着くので、そうしています。重要なのは、ポジティブなエネルギーがあふれる場所にできるかどうかです。

わたしはせっかくの聖域にネガティブなエネルギーをもち込みたくありません。だから、学校で毎日、嫌な思いをしているときは、自分の部屋で宿題をしないようにしています。

　自分の部屋をポジティブなエネルギーで満たす方法はいろいろあります。たとえば、カイリーコスメティックスのリップセットのように、ずっと心待ちにしていたコスメが手に入ったときは、パッケージはかならず自分の部屋で開くようにしています。お気に入りの音楽を流しっぱなしにして、信頼できる相棒のリコと過ごします。

＊十分な睡眠をとる――ＡＳＤの人にはよくあることですが、わたしも不眠に悩まされています。心配ごとが頭から離れなくなって寝つけなくなることがしょっちゅうあります。そんなときは、心配ごとを紙に書き出します。書き終わったら、折り畳んで、部屋のドア近くの床に置きます。そして、今はそれ以上のことはできないし、明日の朝になってから何とかしよう、と自分に言い聞かせるようにしています。

　メラトニン（訳注：体内時計の調節にかかわるホルモン）のスプレー剤や錠剤で寝つきがよくなる人もいます。わたしがお勧めしたいのは、ウエイトブランケット（訳注：不眠やストレスの解消効果をねらって重みをつけた毛布。重力ブランケット、加重ブランケットとも呼ばれる）です。最初は半信半疑でした。でも使ってみたら、すっかりとりこになりました。ふわふわのグレーの毛布で、重さは４～５キロありますが、その絶妙な重さが、わたしを落ち着かせ、癒してくれるのです。寝つきが悪くて困っている人は、ぜひウエイトブランケットを試してみてください。

　もちろん、心の状態を整えることも重要です。視覚優先でものごとを考えるタイプの人、つまり、ビジュアルシンカーの人には、頭の中に理想の場所を思い浮かべるという方法をお勧めします。自分にとって完璧な場所の風景を思い描きましょう。そこでは、どんな臭いがし、何が聞こえ、どんな気持ちになるでしょうか？

もしネガティブな考えが頭に忍び込んできたら、さっさと追い払って、理想の場所のイメージに意識を集中させましょう。こういう視覚化（ビジュアリゼーション）をおこなっていると、気持ちが安らいで、快眠につながります。

＊着るもので自分を守る――わたしは肌がとくに敏感で、風や気温の変化が大の苦手です。それに、誰かに軽く触れられるだけで、まるで無数の虫が這い回っているような感じがするので、皮膚はできるだけ出さないようにしています。

わたしにとって服は保護バリアの役目を果たします。だから、どんなに暑い日でも、めったにショートパンツははきません。タンクトップも着ません。いつも重ね着をして、できるだけ前ファスナーのパーカーをはおるようにしています。そうすると、気温が変化しても調節がきくし、椅子の座り心地が悪いときにクッション替わりにもなります。

＊不安に対処する――感覚過敏の暴走を防ぐには、不安に対処することが最善の方法です。わたしの場合、不安が強まると感覚過敏も悪化することがわかっています。

普段は我慢できることが、突然、我慢できなくなるときがあって、とくに、いじめを受けている時期にそういう状態を経験してきました。もちろん、自分ではコントロールできない状況が原因で不安に襲われる場合もあります。それでも、できるだけ不安を和《やわ》らげる工夫をすれば、感覚オーバーロードのリスクも減らせます。

＊感覚オーバーロードの引き金になりそうな場所は避ける――感覚過敏にとって悪夢のような場所には行かないようにしましょう。わたしの場合、さっきお話ししたスーパーマーケットと同じくらい、ガソリンスタンドが苦手です。ガソリンの臭いが大嫌いなのです。ただし、回避すべき場所を増やしすぎれば、家から一歩も出られなくなってしまうので、見きわめが重要です。

ここに挙げた方法をヒントに、自分なりに工夫してみてください。さまざまなオプションを試しながら、自分に合ったテクニックや解決法を見つけていきましょう。

光に対する過敏には

わたしは光に対してものすごく敏感です。同じ悩みをもつ人には質のよい偏光サングラスを強くお勧めします。レンズのカラーはさまざまなタイプを試してから、自分に合ったものを選択しましょう。度つき眼鏡を使っている人には度つきサングラスをお勧めします。わたしは屋外ではつねにサングラスをかけています。クールに見えるだけでなく、視覚オーバーロードを予防できるからです。

光過敏の最大の原因は蛍光灯のような明るい照明（ＬＥＤも含む）です。どぎつい明るさがわたしは大嫌いです。蛍光灯が発するチカチカとした光だけでなく、他の人には聞こえない低音も、ものすごく気に障《さわ》ります。吐き気や頭痛やめまいを起こすこともありますが、残念ながら、学校に限らず、世の中はどこもかしこもまぶしい照明だらけです。

完全に避けて暮らすことは不可能とはいえ、アーレンレンズを入れた眼鏡にはずいぶん助けられてきました。アーレンレンズというのは、光感受性障害（アーレン症候群）に処方されるカラーレンズで、視覚ストレスやオーバーロードの原因になる波長の光をカットしてくれる特殊なレンズです。

音に対する過敏には

わたしの場合、聴覚も過敏です。大きな音にさらされると、身体に痛みを感じることすらあります。ただし、小さい音でもストレスのもとになります。

たとえば、足音、口笛、何かを叩くような音、ものが落ちる音、水が流れる音、換気扇が回る音、ファスナーの音、足をパタパタさせる音、食べ物をすする音（「slurp〈スラープ＝ズルズル、ベチャベチャ食べる〉」という単語すら不快です）、「queue（キュー＝列）」とか「conundrum（コナンドラム＝難問）」という単語、指をポキポキ鳴らす音、排水管の音、時計のチクタク音、自分の心臓の鼓《こ》動《どう》、金属同士がぶつかる音……挙げていったら、きりがありません！

わたしは、バックグラウンドノイズ（背景雑音）にフィルターをかけることもできません。レストランや学校のような混雑した場所では、そこにいる人たちの話し声に圧倒されてしまいます。あらゆる声がアンプで増幅されたみたいに大きく聞こえ、自分には関係のない会話までが逐一、耳に入ってきて、脳がショートしそうになります。

誰かの息づかいやガムを噛む音、ヘッドフォンから漏れる音、足音、新聞をめくる音も聞こえます。とくに不安症が始まると、そういう雑多な音をシャットアウトすることがますます難しくなります。不安になればなるほど、音に対する感受性が高まり、さらに不安になるのですから、なんと皮肉な悪循環でしょう。

わたしが音楽をサバイバルキットのマストアイテムにしているのは、この種の雑音をブロックするためです。すでにお話ししたとおり、音楽はわたしにとって聴覚オーバーロードに対する最強の武器なのです。

聴覚オーバーロードを完全に避けたければ、にぎやかな場所や混み合った場所に行かないようにするしかありません。そういう場所に行くときは、あらかじめ計画を立て、必要な対策を立てましょう。たとえば、レストランに行くなら、空いている時間帯や静かな席を選ぶとか、テーマパークに行くなら、比較的人の少ない雨の日にするとか、工夫をしてください。

学校にいると、10代の子たち特有のにぎやかな空気に圧倒されてしまうときがあります。そういうとき、わたしは図書室や保健室に避難します。静かな場所にいると、気持ちを落ち着かせて、自分を取り戻すことができるからです。

それから、不快な音をブロックしたいときは、ノイズキャンセリング機能つきのヘッドフォンを使うという手もあります。

臭いに対する過敏には

わたしは嗅覚も過敏です。とくに吐き気を催《もよお》すくらい嫌悪感を覚える臭いがあります。たとえば、ガソリン、油性マーカー、糊《のり》、コーラ、ザワークラウト（キャベツの漬物）、ツナ、人の息、ストロベリーの合成香料、洗剤類、パフューム類、タクシーの臭い（狭い場所で大勢の人が発する臭い）などがそうです。

でも、こうした嗅覚の鋭さは、ある種の香りに対する感受性が強いことも意味します。本、刈ったばかりの芝生、塗りたてのペンキ、燃える木の臭いが、わたしは大好きです。

不快な臭い対策としていちばん頼りになるのは、スプレータイプとロールオンタイプのアロマオイルです。サバイバルキットに入れておいて、いざというとき鼻の穴の周りにひと塗りすれば、効果てきめんです。

食感と味に対する過敏には

ＡＳＤの子どもは好き嫌いが激しいことで知られています。受けつけない食べ物が多いために食事制限をしている子がたくさんいます。一つには、ある種の食感が苦手なことも原因です。たとえば、わたしはぬめりのあるものが食べられません。加熱したトマトやキュウリ、缶詰の果物、オクラなどの食感が大嫌いです。それに、スポンジ状の食べ物や粉砂糖がかかったものも食べられません。

たとえ限られた種類のものしか食べられないとしても、栄養バランスがとれているなら、悩む必要はありません。感覚過敏に対処するためにそうしていることであって、別に冒険心が足りないとか、気難しいわけではないからです。

それから、胃腸トラブルの多さもＡＳＤの特徴です。もしある種の食べ物を避けたくなるとすれば、それは身体が受けつけないからです。わたしの場合、乳製品を避けると、胃腸トラブルを起こさずに済みます。

接触に対する過敏には

ＡＳＤの子どもは触覚過敏が多いことでも知られています。その一方で、わたしの妹のように、触覚がとても鈍いタイプの子たちもいます。

妹の場合、痛みの限界値が高くて、冷たさはほとんど感じません。真冬でも薄っぺらな夏服一枚で外に出てしまいます。コートを羽織らせようとすると（母がどんなに心配しても）嫌がります。

幼い頃はハグの力加減がわからずに、わたしたちをぎゅうぎゅう抱きしめることもありました。母に手を握られていてもその感覚がわからずに、もっと力を入れてほしい、もっともっととせがみ続けたものです。

妹はとっくに小さくなってしまった服を無理やり着るのも大好きでした。しょっちゅうお腹を空かせていて、食べたばかりでも空腹を訴えることもありました。お腹がいっぱいになった感じがしないと言うのです。成長とともに、そうした過剰な鈍感さは改善しつつあります。

わたしはそんな妹とはまったくの逆で、触覚が極度に敏感です。誰かに触れられるのも、誰かに触れるのも大嫌い。不快感と痛みに耐えられなくなるので、人とは物理的に接触しないようにしています。誰かと握手しただけでも痛くて苦しくなってきます。

ハグに耐えられるようになったのはつい最近のことです。以前は髪を下ろすこともできませんでした。首や顔に自分の髪が触れただけで、ガラスの破片で切りつけられるような感覚に襲われたのです。

保育園で経験したことは今でもトラウマとして記憶に残っています。工作の時間に、あろうことか、うっかり木工用ボンドを両手にこぼしてしまったのです。焦《あせ》ったわたしは先生に手を洗いに行かせてほしいと訴えました。でも先生は許してくれません。どうせまた手にくっつくのだから、今、洗いに行っても意味がない、と言うのです。

わたしは頭が変になりそうでした。残りの時間は（わたしにしては珍しいことに）ずっと泣き続けていたのを覚えています。ベタベタ、ネチャネチャした木工用ボンドが皮膚にくっついたまま次第に固まっていくというのに、そのままにしておかなければならないなんて恐ろしすぎます。どん底に突き落とされた気分でした。

触覚過敏があると、衣服のタグや縫い目、ウールや合成素材（ナイロン、ポリエステルなど）、レースやゴムに我慢できない人もいます。そういう人は服選びに苦労するでしょう。人工素材がチクチクする場合、着られるものは限られてきます。

わたしは天然素材でできた通気性のある服、たとえば１００％オーガニックコットンの服を買うようにしています。そして、もう一つのコツは、いきなり着ないで、まず無香料のノンバイオ洗剤（訳注：アレルギーの原因とされる酵素が入っていない洗剤のこと）で何回も洗濯することです。柔らかくなって着心地がアップするので、お勧めです。

視覚に対する過敏には

ＡＳＤの人の多くはビジュアルシンカーです。このタイプの人は、見たものを鮮明な画像として思い出すことができます。頭の中に写真を焼きつけているようなものです。

この能力のメリットは、使い方次第では、気分を変えたり高揚させたりできるところです。気分を上げたければ、そういうイメージを思い浮かべればいいのです。家族と旅行に行ったときの一場面とか、子犬やパンダの写真とか、自然の風景写真とか。落ち込んだ気持ちを引っぱり上げるには、そういうイメージを呼び起こして、意識を集中させるのがいちばんです。

わたしは愛犬のリコが寝ているときの様子を思い浮かべるようにしています。舌を突き出して眠っている不細工なリコの顔を思い出すと、笑わずにはいられません。

落ち込んだときは、自然に笑みがこぼれてくるようなイメージを思い出すことをお勧めします。

ビジュアルシンカーの能力は大きな強みであると同時に、大きな弱点でもあります。不快なものを目にしたとき、そのネガティブなイメージが記憶に深く刻まれて、頭から離れなくなるのです。

お気に入りのユーチューブを観ている最中に、うっかり、ホラー映画の予告映像を数秒間、見てしまったりするともう最悪です。

わたしも経験者の一人です。以前、スティーヴン・キング原作の映画「ＩＴ／イット〝それ〟が見えたら、終わり。」の予告編が突然、挿入されて、不気味なピエロの顔がほんの一瞬だけ視界に入ってきたことがありました。

その一瞬の映像はいまだにわたしを凍《こお》りつかせます。しかも、まったく予期していない瞬間に、突然、頭の中にポンと浮かんでくるのですから、たまったものではありません！　でも、そのイメージを消去する方法は、残念ながら、ないのです。

ビジュアルシンカーの人は、どうか、視界に入れるものは慎重に選んでください。ホラー映画や血なまぐさい犯罪ドラマは観ないほうがいいでしょう。

ＡＳＤに優しい環境づくり

わたしたちＡＳＤの人間が感覚過敏による生きづらさを抱えていることに、一部の企業や公共施設がようやく気づき始めました。そして、ＡＳＤに優《やさ》しい、インクルーシブな環境づくりに取り組み始めています。

イギリスでは、いくつかのスーパーマーケットチェーンとショッピングモールが、音や混雑に敏感なＡＳＤの人たちのために「クワイエットアワー（静かな時間帯）」を設定しています。その時間になると、照明を暗めにし、ＢＧＭは流しません。ショッピングカートの使用を制限し、ラウドスピーカーやレジの電子音もオフにします。

イギリス全国の映画館でも、ＡＳＤに配慮した上映回が定期的に設けられています（訳注：照明や音響が柔らかめに設定され、動き回る自由が認められている）。イギリスのヒースロー空港やアイルランドのシャノン空港のように、ＡＳＤの子どもたちを過剰な感覚刺激から守るための「センサリールーム」を備えた空港もあります。

社会全体がＡＳＤの人たちに手を差し伸べ、包み込む《インクルーシブ》ようになる日は、まだまだ先かもしれませんが、静かな時間帯や安全なスペースが増えていることは、明るい兆《きざ》しと言っていいでしょう。

第６章　身体ケアのアドバイス

大事なのは清潔さ

定型発達の人は、ＡＳＤに対してお決まりのイメージを抱いています。ＡＳＤ女子は自分の外見に無頓着で、ぼさぼさの髪もだらしない格好も気にしない、というのです。でも、それは思い込みにすぎません。

定型発達の女子が多種多様であるように、ＡＳＤの女子も人それぞれです。見た目を極端に気にする子もいれば、まったく気にしない子もいます。でも、たいていの子はそのどちらでもない中間に属しています。

とかく人間は見た目で相手を判断するものです。だからこそ外見には気をつけなければなりません。中でもいちばん重要なのは清潔さです。衛生状態を保ち、身だしなみを整えることは、エチケットの一つです。

将来、誰かとデートするとき、どこかに就職するとき、まず、清潔さや身だしなみを期待されるでしょう。今からよい習慣を身につけておくに越したことはありません。

ただし、ＡＳＤ女子は身だしなみを整えようとしても、感覚過敏のせいで苦戦するかもしれません。肌を水で濡らしたり、髪をブラッシングしたり、歯を磨いたりするときの感覚が不快な人はなおさらです。

運動協調障害があれば、洗う、ブラッシングする、といった動作はさらに難しくなります。でも諦《あきら》めずに努力しましょう。不潔にしていて身体が臭《にお》ったりすると、からかいやいじめのターゲットになりやすいからです。それに、清潔に保つことは、自分の健康と自信にとっても重要なのです。

思春期になると、体臭が変化して、とくに脇の下が臭い始めます。臭わないようにするには、毎日、シャワーを浴びるか、入浴するのがいちばんです。香料のきつい石鹸やボディソープに敏感な人は、無香料のものを使いましょう。

ダヴには敏感肌用の製品がいろいろあります。脇の下とVゾーン（脚のつけ根から股の間）は念入りにケアしてください。

Vゾーンはデリケートなので、石鹸やボディソープでは刺激が強すぎる場合は、濡らしたタオルで優《やさ》しく拭くようにしましょう。

シャワーは手短に済ませることをお勧めします。わたしの場合、ストレスで感覚過敏が極限に達しているときに水圧の高いシャワーを浴びると、強烈な痛みを感じます。まるでナイアガラの滝に打たれているのではないかと思うくらい！　そういうときは、速攻でシャワーを済ませるか、お風呂に浸かるようにしています。

それでも、感覚過敏がほんとうにひどい日は、水の音や温度変化、肌に当たる圧力にどうしても耐えられなくなります。その場合は、ウェットティッシュやボディワイプで身体を拭くだけで済ませます。ボディワイプは汗と汚れと臭いを拭き取ってくれるし、キャンプやフェスティバル会場などシャワー施設がない場所でも使えるので便利です。お店でもオンライン（アマゾンなど）でも手に入ります。

時間の管理が苦手な人は、自分が何分くらいシャワーを浴びているのかわからなくなるかもしれません。わたしは経過時間がわかるようにプレイリストをつくっています。10分用と15分用の２種類があって、どの曲がかかると何分くらい経過したかがわかるようになっています。

音楽を聴《き》いていると、大嫌いな水しぶきの音を遮断《しゃだん》できるというメリットもあります。この方法でシャワー中の雑音を遮断したい人には、あまり値段の張らない防水タイプのスピーカーかラジオを購入することをお勧めします。

髪の毛はベタつかない限り、毎日洗う必要はありません。２〜３日に１回でも大丈夫。シャンプーが目に入るのが心配なら、しみにくい低刺激タイプを選びましょう。たとえば、ジョンソン＆ジョンソンのノーモアティアーズ処方の製品はお勧めです。中でもわたしのお気に入りは天然のラベンダーの香りがするシャンプーです。

また、スクイーズ式ボトルに入ったシャンプーは、毎回、出す量が多すぎたり、少なすぎたりすることがあります。適量がわかりづらいときは、ポンプ式ボトルに詰め替えましょう。ポンプを何プッシュするのが自分の適量か見きわめてください。あてずっぽうの量で洗わなくて済むようになります。

今、使っているタオルがゴワゴワ、チクチクする場合は、柔らかいタオルに替えましょう。紙やすりみたいなタオルで身体を拭かないでください。わたしは竹の繊維でできているタオルが気に入っています。柔らかくて、吸水性が抜群なので、お勧めします。

身体を清潔に保ち、悪臭を漂わせないためのもう一つの方法は、シャワー後にデオドラントや制汗剤を使うことです。デオドラントにはさまざまなタイプの製品があります。肌がベタベタするのが嫌いな人は、ジェルタイプやロールオンタイプは避けましょう。

わたしのように、乾いたパウダー状の物質が苦手な人は、エアロゾルスプレータイプの製品はNGです。パウダー状のカサカサしたものが肌につくのも、空中に舞ったパウダーを吸い込むのも嫌なので、ポンプスプレー式の液体デオドラントを選ぶようにしています。お気に入りは、バーツビーズの100％オールナチュラルデオドラント（セージオイル入り）です。

おすすめのスキンケア

思春期には皮脂の分泌量が増えます。すると毛穴が詰まって、ニキビができやすくなります。ニキビを予防するためには、朝と晩に、マイルドな洗顔料で余分な皮脂を取り除くことが重要です。

ただし、わたしは環境に負荷《ふか》をかけたくないので、マイクロプラスチックビーズ入りの製品は使いません（マイクロプラスチックビーズは下水から最終的には海に達して、海洋生物の体内に取り込まれます）。それと、スクラブ剤のザラザラした感触が苦手なことも、使わない理由の一つです。

洗顔料には選ぶのに困るくらいさまざまなタイプがあります。あれこれ試した結果、わたしの肌には、自然で無香料のオーガニック製品なら大丈夫だとわかりました。今はラッシュの「9 to 5肌ごころ」というクレンジングを使っています。使い心地がマイルドで、香りも強すぎません。

それから、アルコールが含まれている製品は避けるようにしています。アルコール入りのものは刺激が強くて、肌が乾燥しすぎるのです。それに臭いにも耐えられません。

軽めのニキビには、ニキビ用製品を試してみましょう。たいていのニキビ用製品には過酸化ベンゾイルという有効成分が含まれています。ただし、この成分は敏感肌には刺激が強すぎるかもしれません。その場合は、自然派の製品を使ってみてください。

たとえば、ウィッチヘーゼルエキス（ハマメリスという低木からとれる成分）入りの製品などがあります。わたしが愛用しているのは、セイヤーズのローズペタルウィッチヘーゼル（アロエベラ入り）です。アルコールフリーの化粧水なので安心して使えます（訳注：ウィッチヘーゼルエキスには毛穴を引き締める収斂《しゅうれん》作用がある）。

歯磨きの注意点

感覚過敏の人にとって、歯磨きは拷問《ごうもん》に等しいかもしれません。でも、工夫次第では、つらさを和《やわ》らげることができます。たとえば、電動歯ブラシなら少し楽になる人もいます。わたしは電動歯ブラシの振動が好きになれないので、普通の歯ブラシを使っています。

歯ブラシ選びで何よりも重要なのは、毛の硬さと形状が自分に合っているかどうかです。わたしは毛のコシが柔らかめで、毛先がラウンドカットのものが好きです。

歯磨きが嫌で仕方がないという人は、毛先の形状と毛のコシが違うタイプの歯ブラシを試してみてください。

ナイロン毛以外の製品を試すという手もあります。クラプロックスのCS5460ウルトラソフトなら、極細のポリエステル毛を使っているので、歯茎と歯に当たる感触がナイロン毛よりもはるかにマイルドです。

自分に合った歯ブラシを見つけるには試行錯誤が必要かもしれませんが、これだ、という歯ブラシに出会えば、今より歯磨きが苦痛ではなくなるでしょう。

もう一つ、口内ケアで悩みの種になりそうなのが、歯磨きペーストの強烈な刺激です。たいていの歯磨きペーストはスペアミント風味だったり、ペパーミント風味だったりします。砂を噛むような感覚や、口の中がひりひりするような感覚が襲ってくるかもしれません。でも刺激が少ないタイプの製品なら、感覚過敏の問題を悪化させずに済みます。

わたしは活性炭入りやフルーツ風味を好んで使っています。どちらも味がマイルドです。コルゲートのナチュラルエクストラクトシリーズには、活性炭入りとフレッシュレモン風味の歯磨きペーストがあります。

苦手な歯の治療

歯医者さんが苦手でない人はいないかもしれません。ＡＳＤにとって、明るすぎる照明や強烈な薬品臭、耳をつんざくような電気ドリルの音は、とりわけ大きな苦痛の原因になります。それに、口の中や周辺はきわめて敏感な場所です。ゴム手袋で口を触られるときの感触、金属ドリルや治療器具の冷たさは、たとえ痛くなくても、ものすごく気持ち悪いものです。

不快感を和らげるための対策としては、サングラスをかけ、ヘッドフォンをするという手があります。穏《おだ》やかな音楽に耳を傾けていると、治療器具の音をブロックできます。

治療用チェアに座った後、背もたれを倒されるときの感覚が嫌いな人は、あらかじめチェアを倒しておくよう歯科医（または歯科衛生士）に頼んでください。

ウエイトブランケット（62ページ参照）が好きな人は、レントゲン撮影時に使う防護エプロンを貸してもらうといいかもしれません。防護エプロンのずっしりとした重みが安定感を与え、気持ちを落ち着かせてくれるでしょう。

わたしは、歯医者さんが何か一つの手順にとりかかるときは、そのつど、事前に説明してもらっています。次にどんなことをされるかがわかっていると安心できるからです。

ムダ毛の処理法

思春期になると、脇に毛が生えたり、脚の毛が濃くなったりします。10代の女子が脇や脚の毛を剃《そ》ることがあたりまえになっている文化もあります。わたしの場合、すね毛の濃さをからかわれるようになったのをきっかけに、脚と脇の毛を剃り始めました。切り傷やカミソリ負けを防ぐためのヒントをいくつか挙げておきます。

＊温《あたた》かいシャワーかお風呂の中で剃る――お湯で肌を柔らかくしておくと、切り傷ができにくくなります。

＊シェービングクリーム、シャワージェル、石鹼などをたっぷり使って滑りをよくする――シェービングクリームやシャワージェルの肌触りが嫌いな人は、ベビーオイルを使ってみてください。ただし、オイルを使うと、床が滑りやすくなるので要注意です。肌が乾いたままでは絶対に剃らないこと！　肌荒れの原因になります。

＊毛の向きに合わせて剃る――脚の毛は下向きに生えているので上から下へ剃りましょう。そのほうがカミソリ負けしません。

＊焦《あせ》らず、ゆっくり優しく――カミソリの刃の自然な動きにまかせましょう。急いで動かしたり、押しつけたりすると、切り傷ができやすくなります。

郵便はがき

切手をお貼りください。

102-0071

東京都千代田区富士見
一―二―十一
KAWADAフラッツ一階

さくら舎 行

住所	〒 都道府県		
フリガナ		年齢	歳
氏名		性別	男　女
TEL	(　　　)		
E-Mail			

さくら舎ウェブサイト　www.sakurasha.com

愛読者カード

ご購読ありがとうございました。今後の参考とさせていただきますので、ご協力をお願いいたします。また、新刊案内等をお送りさせていただくことがあります。

【1】本のタイトルをお書きください。

【2】この本を何でお知りになりましたか。

1.書店で実物を見て　2.新聞広告(　新聞)
3.書評で(　)　4.図書館・図書室で　5.人にすすめられて
6.インターネット　7.その他(　)

【3】お買い求めになった理由をお聞かせください。

1.タイトルにひかれて　2.テーマやジャンルに興味があるので
3.著者が好きだから　4.カバーデザインがよかったから
5.その他(　)

【4】お買い求めの店名を教えてください。

【5】本書についてのご意見、ご感想をお聞かせください。

●ご記入のご感想を、広告等、本のPRに使わせていただいてもよろしいですか。
□に✓をご記入ください。　□ 実名で可　□ 匿名で可　□ 不可

＊剃り残しに注意——とくに脚の後ろ側など、自分に見えにくい部分には剃り残しがないよう気をつけましょう。

＊シェーバーは頻繁《ひんぱん》に交換する——切れ味が悪くなったものを使い続けていると、肌荒れや発疹の原因になります。安価な使い捨てタイプは選ばないでください。潤滑《じゅんかつ》成分入りのスムーサーが搭載されていて、ヘッドが旋回するタイプのシェーバーを使いましょう。

＊ひざとくるぶしの周辺はとくに慎重に——凹凸があって切り傷をつけやすい部分は、とくに気をつけてください。

ムダ毛処理には、除毛ワックスや脱毛剤を使うという手もあります。でも、わたしはあまりお勧めしません。ベトベトの熱いワックスを肌に塗って、シートごと引きはがすなんて、まるで悪夢みたいです。もちろん痛みも伴います。

脱毛剤は毛を溶かすクリームです。肌に塗って、数分間、放置しておくと毛が溶けるので、後は洗い流すだけです。ただし、ヒリヒリすることと、変な臭いがすることが難点です。

生理のこと

◎基本的に知っておくべきこと

生理（正式には月経）はＡＳＤ女子にとって厄介《やっかい》な問題かもしれません。面倒なうえ、正確には予測がつかないために不安の原因にもなります。また、痛みにも悩まされます。

月経とは、子宮から剝《は》がれた子宮内膜に血液が混じったものが膣から体外に排出される期間ですが、英語では「メンストゥルアルピリオド（月経期間）」を略して「ピリオド（期間）」と呼んでいます。

経血は大さじ4杯から6杯くらいで、期間は5日間ほどです。それより短い人も長い人もいます。初潮（初めての月経）を迎えた直後は、規則的に月経がやってこないかもしれません。月経の周期も月経が続く日数も、毎回変わる可能性があります。でも、やがて規則的になります。

◎生理用品

生理用品には三つのタイプがあります。試しながら、自分に合ったものを探しましょう。

＊ナプキン――初潮を迎えたばかりの女子の大部分はナプキンを使います。便利だし、使い方が簡単だからです。使い捨てナプキンは形とサイズが豊富で、ショーツに密着させるためのテープがついています。「羽根つき」タイプなら、ショーツのクロッチ部分を包み込むようにテープで固定できるので、さらに安心です。

素材には経血を吸収する合成素材が使われています。ただし、ASD女子は感覚過敏のために合成素材のナプキンを不快に感じるかもしれません。さまざまなブランド、サイズ、厚み、形状を試してみてください。不快感は、頻繁にナプキンを交換すれば和らげることができます。使用したナプキンはかならず正しく処理しましょう。きちんと包んでから、サニタリーポットに入れること。トイレには絶対に流さないでください。詰まりの原因になります。

使い捨てナプキンの代わりに、洗濯して再利用できる布ナプキン（サニタリータオル、サニタリーパッドとも呼ばれます）を使うという手もあります。布ナプキンはコットンや竹繊維などの天然素材でできているので、合成素材や化学物質に過敏な人にはお勧めです。また、環境にも優しく、長い目で見たときに安上がりです。アマゾンなどのネットショップで購入できます。

＊タンポン――ナプキンよりタンポンを好む女子もいます。タンポンは筒形に成型したコットンです。膣内に装着するので、経血が身体の外に出る前に吸収することができます。たいていの製品は、正しい位置に装着できるようにアプリケーターという補助具に収納されています。装着後もタンポンの端のひもが外に出ているので、それを引っぱれば取り出せます。

タンポンの利点は、つけたままでも、おしっこができることです（おしっこは尿道という別の穴から出ます）。また、タンポンを使えば、生理中でも水泳が可能です。ただし定期的に交換することがとても重要です。８時間以上、装着したままでいると、毒素性ショック症候群という深刻な感染症を引き起こすリスクが高まるので注意しましょう。

＊月経カップ――シリコン製のカップ状の生理用品です。膣内に装着すると、中に経血がたまるようにできています。定期的に取り出して、たまった経血を捨てます。洗って何回でも使うことがで

きます。

ナプキンとタンポンには、デオドラントタイプとそうでないものがあります。デオドラントタイプには香料やその他の化学物質が含まれていて、臭いを防いでくれます。ただし、そうした物質は、肌刺激やアレルギー反応を起こして、感覚過敏を悪化させる恐れがあります。そのため、わたしは無香料タイプをお勧めします。

頻繁に交換すれば、臭いを心配して気を揉《も》むこともありません。生理用品を入れる可愛いバッグを買って、いつでも使えるようにバックパックやロッカーに入れておきましょう。

ＡＳＤ女子の多くは公共のトイレや学校のトイレを使うのを嫌がります。生理期間中は、なおさら難しいかもしれません。公共トイレや学校のトイレに行きたくない人は、吸収力抜群の夜用ナプキンを使いましょう。

また、はくだけで経血を吸収してくれるショーツもお勧めです。たとえば、シンクスやモディボディのショーツは、ナプキンやタンポンなしでも大丈夫なほど吸収力があり、洗濯できます。

吸収力やデザイン（ビキニ、Ｔバック、ボーイズレングス、ブリーフ）にいくつかの種類があります。シンクスのオーガニックコットン製のものは、肌が敏感な人にもお勧めです（www.shethinx.com）。

生理中は黒かダークカラーの服を着るようにしましょう。白い服は避けてください。

◎生理用アプリ

ＡＳＤ女子は時間の管理が苦手です。スケジュールやお決まりのパターンどおりにものごとが進むのを好みます。だから、突然やってくるかもしれない生理にはどぎまぎしてしまいます。

生理日を予測したければ、スマートフォンのアプリで記録をつけるとよいでしょう。わたしのイチオシはClueという生理管理アプリです。記録をつけておくと、次の生理日を予測して通知してくれるので、不意打ちを食らわされるリスクを減らせます。似たようなアプリはたくさんあるので、試してみてください。

◎月経前症候群（ＰＭＳ）

月経前症候群（ＰＭＳ）は、月経周期に合わせて生じる身体的、精神的な症状の総称です。人によっては、頭痛、関節痛、筋肉痛、腰痛、乳房の張り、不眠、便秘、下痢、胃けいれんなどを経験します。しかも、多くのＡＳＤ女子は、感覚過敏がいつもよりさらにひどくなるので、これらの症状が悪化します。

影響を受けるのは身体面だけではありません。情緒不安定や不安の増大など感情面の症状も発生します。気分がコロコロと変わったり、イライラしたりするかもしれません。怒りっぽくなる、疲れやすい、動揺する、集中力が低下するといったことも起きがちです。要するにＰＭＳはものすごく不快なのです。

でも軽減法がいくつかあります。まず、睡眠と休養をたっぷりとること。胃けいれんを和らげるには、ラベンダーの香りの「麦カイロ」（訳注：布袋に麦粒を詰めた自然派カイロ。繰り返し使える）がお勧めです。電子レンジで温めて胃に当てると楽になります。カフェインフリーの温かいカモミールティーも症状を和らげてくれます。頭痛、関節痛、筋肉痛には、イブプロフェンやパラセタモール（アセトアミノフェン）が入った鎮痛剤や抗炎症剤を服用するという手もあります。ＰＭＳ専用薬を使うのもいいでしょう。イギリスならFeminax、アメリカならPamprinやMidolといった生理痛の薬があります。

それから、なぜＰＭＳが起きるのか、何日くらい続くのか、といったしくみを理解しておくことも、とても重要です。ＰＭＳが心身に及ぼす影響を知っていれば、症状にふり回されることが減るからです。

◎生理をめぐるエチケット

生理について話す際には、社会的なエチケットを守りましょう。話題にするのはかまいませんが、時と場所をわきまえる必要があります。あくまでも内輪の話にとどめておくのが無難です。親しくない人たちが交じっているような場所で、自分は生理中だとか、ナプキンをつけているといった話を大っぴらにするべきではありません。

そういう話は、多くの人たち、とりわけ男子を困惑させます。もちろん、母親、女友だち、保健室の先生に話すのはかまいません。とくに、水泳の授業があるときなどには、体育の先生に個人的に伝えて、水泳をお休みさせてもらいましょう。

第7章　ネガティブな感情になったとき

失感情症と呼ばれるもの

わたしには、自分の気持ちがつかめず、言葉でうまく表現できないときがあります。でも、これはわたしに限った話ではありません。一般的に、ＡＳＤの人は、自分の感情を表現したり、処理したりすることが苦手です。

こうした症状は「**失感情症（アレキシサイミア）**」と呼ばれています（または「失感情言語化症」とも呼ばれ、文字どおり、感情を表現する言葉をもたないことを意味します）。

失感情症には三つの大きな特徴があります。

・自分の感情がよくわからない。
・自分の感情を人にうまく伝えられない。
・自分の感情と、感情によって引き起こされる身体的感覚（たとえば、心臓がドキドキする、息が苦しくなる、胸騒ぎがして落ち着かない）の区別がつかない。

人に気分を尋《たず》ねられても、失感情症の人はうまく答えることができません。わたしにはそのつらさがよくわかります。誰かに気分を聞かれても、いつだって「元気です」と答えるのは、そうするしかないからです。

感情を自覚している定型発達の人に向かって、わたしは、自分の感情がわからないとか、言葉にできないなどとは答えないようにしています。そんなことを言えば、相手はきっと面食らうでしょう。

もちろん、わたしにも、気分がいいか悪いか、うれしいか悲しいかくらいはわかります。でも、その中間の感情はぼやけて、よくわからないのです。とくに微妙で複雑な感情は区別できません。たとえば、「うらやましい（羨望《せんぼう》）」と「ねたましい（嫉妬《しっと》）」はどう違うのでしょうか？

奇妙に聞こえるかもしれませんが、わたしは、音楽を通じて自分の感情に気づくようになりました。特定の感情を抱いているとき、無意識に聴《き》きたくなる曲があり、そのパターンに気づいてからは、選ぶ曲によって自分の感情がわかるようになりました。

たとえば、大嫌いな採血をされるときは、かならずラナ・デル・レイの「ラブ」を選びます。逆に、その曲を聴きたくてたまらないときは、「ああ、今、自分は不安と恐怖を感じているんだな」とわかるわけです。

感情表現にもわたしは苦労しています。定型発達の人たちは自然に感情表現ができますが、わたしには楽ではありません。たとえ自分の感情を表現できたとしても、顔の表情やしぐさがその感情とマッチしていないことがよくあります。

それどころか、まったくちぐはぐな態度をとってしまうことさえあります。たとえば、心の中ではものすごく喜んでいるのに、無関心な顔をしたり、もっとひどいときには、退屈そうな態度をとったりします。まるで心と身体が離れ離れのようなのです。

こうしたちぐはぐさは誤解を招く原因にもなります。人から、悲しんでいると思われたり、怒っていると思われたり、退屈しているみたいだと言われるたびに、わたしはじれったくなります。相手がわたしの表情や態度から受け取る印象と、わたしが実際に感じていることはめったに一致しません。いつも誤解されるばかりです。

妹のキーラが4歳（わたしが8歳）の頃に、こんなことがありました。マイクロスクーターで走っていたキーラが、歩道の段差に引っかかった拍子にスクーターから投げ出され、頭から硬い地面に落ちたのです。

母とわたしが駆けつけると、キーラのおでこにはこぶができていました。しかも、みるみる大きくなっていきます。まるでおでこ全体が膨《ふく》らんでいくかのようでした。

キーラは泣き叫び、母はパニック状態でしたが、その横で、わたしは何も言わずに平然としていました。ちょっと上《うわ》の空に見えたかもしれません。そういう場合、わたしは後からよく非難されたものです。あなたは心配じゃなかったのかとか、ちょっと冷たすぎるんじゃないかとか。

でも、わたしは妹を心配していなかったわけではありません。事の重大さを理解していなかったわけでもありません。ただ、反応の表現の仕方が人と違っているだけなのです。

感情と態度のズレ以外にも、感情に気づいて整理するまでに時間がかかるという問題もあります。何時間も、何日もかかって、ようやく自分が何を感じているかに気づくのです。とくに強烈な経験をしたときや、いじめを受けたときがそうです。

いじめの調査がおこなわれている最中に、自分の気持ちをうまく伝えられなかったことは一度や二度ではありません。加害者はアカデミー賞並みの演技力で盛大に涙を流し、反省するそぶりを見せているのに、わたしは冷静で淡々としていました。

先生たちには何も感じていないように見えたでしょう。当然ながら、学校は加害者に対して同情的で寛大な目を向け、わたしに対しては疑いの目を向けました。先生たちはわたしの反応が期待したものと違っていたために、違和感を覚え、不信感をもったわけです。

わたしが被害者っぽく見えないという理由で、嘘《うそ》をついているのだろうとか、話をでっちあげているのだろうと非難することすらありました。

でも、もしあのとき先生たちがわたしの心の内に目を向けようとしてくれていたなら、落ち着き払った態度とは裏腹に、わたしがつらい思いをしていること、深く傷ついていることに気づいたでしょう。

こうした失感情症の症状があって、ときおり、態度のちぐはぐさを非難されている人は、相手に事情を伝えてみてください。感情の表し方は人それぞれであり、たとえ、こちらの態度が無関心そうに見えたとしても、本心はまったく違うということ、そして、自分の場合、感情が態度に出るまでに時間がかかるのだ、ということです。

こうした事情を面と向かって話すのが苦手なら、手紙やメールで伝えてみるという手もあります。これはわたしが経験したことでもありますが、じっくり自分の感情と向き合う時間をつくってから、手紙やメールで伝えていくほうが、単に口で話すときよりも、うまく表現できるのです。

対人不安への対策

ＡＳＤ女子の多くは対人不安に苦しんでいます。どんなときもくっついてくる対人不安は、わたしにとって影のようなものかもしれません。でも、ＡＳＤ女子は生まれつき対人不安を抱えていたわけではありません。対人不安は自分を守るために後天的に獲得したものです。

ＡＳＤの人が対人不安に陥《おちい》るのは、その場の空気を読んだり、状況を理解したりするのが苦手で、失言や失態を繰り返しては、たびたび誤解され、批判され、虐《しいた》げられ、ばかにされ、いじめられてきたからです。

でも、人づきあいの場でネガティブな経験を重ね、次に何を言うべきか、何をするべきかがわからず、いつもびくびくし続けていることに、自分でもうんざりしています。対人不安は、人づきあいでドジをしないように注意を怠《おこた》るな、という警告のようなものです。そういう意味で、ＡＳＤ女子にとって、対人不安は重要な役割を果たしているとも言えます。

もう一つ、知られていないことがあります。定型発達の人たちは想像もできないでしょうが、ASDの人間には、コミュニケーションに使えるエネルギーがほんの少ししかありません。そのわずかなエネルギーのことを、わたしは「ソーシャルバッテリー（人づきあいの電池）」と呼んでいます。

ソーシャルバッテリーがフルに充電されているときは、何とか人とつきあうことができます。でも、バッテリーが減ってくると、ソーシャルスキルは劣化を始め、たちまち、人とかかわり合うエネルギーが底をつきます。人との交流はＡＳＤの人間にとっては高くつきます。精神的、肉体的にものすごく消耗するからです。自分だけの時間をつくらない限り、失われたエネルギーを取り戻すことはできません。

学校にいるときのわたしは、一日のペース配分を考えながらソーシャルバッテリーを使うようにしています。人とのかかわりにどれだけエネルギーを使い、どれだけ温存するかという判断はとても難しく、バランスをとるのにいつも苦労しています。配分を間違えると、家にたどり着く前にバッテリーが切れてしまうのです。

実際、配分がうまくいかないときがよくあります。スケジュールやルーティンが突然変わったり、クラスメートたちのおしゃべりや放課後の必修クラブ活動に参加しなければならなかったりすると、わたしのソーシャルバッテリーは危機的レベルまで低下し、それと同時に不安のレベルは急上昇します。

ソーシャルバッテリーが完全に切れて不安が最高潮に達したときのわたしは、人とかかわることがほとんどできません。ぎこちない態度しかとれないし、ちょっとでも触れられるのを嫌がります。ものごとを柔軟にとらえることができず、スケジュールやルーティンの変更にも対応できません。光、音、臭《にお》いに対する過敏さに拍車がかかり、普段は何でもないことが、突然、大きな壁となって立ちはだかるのです。

対人不安がＡＳＤ女子の人生から消えてなくなることはありません。残念ながら、うまくつきあっていくしかないのです。でも、最悪な状態に至らないための予防策はあります。わたしが実践している対策をいくつか紹介しましょう。

＊自分だけの時間をつくる――エネルギーを回復させ、リラックスするには、独《ひと》りきりになるのがいちばんです。感覚刺激と対人プレッシャーから自分を解放する時間をもちましょう。学校から帰ると、わたしは最低でも1時間は自分の部屋にこもります。学校で長い一日を過ごすと、たいていは疲れ果てているので、帰宅後に回復と充電の時間は欠かせません。学校にいるとき、不安を感じて、独りきりの時間が必要になったら、先生に相談しましょう。休み時間やランチタイムに、安心して独りで過ごせる場所に行かせてほしい、と言ってみてください。たとえば、図書室や空いている教室などがいいかもしれません。

＊ペットと過ごす――わたしの場合、愛犬のリコといると、たちまち不安が収まってきます。リコ

といっしょにいる間は、失言や失態を非難される恐れがありません。世間一般の「ふつう」の定義に合わせるふりをする必要もありません。リコはありのままのわたしを愛し、わたしもありのままのリコを愛しています。わたしたちの関係は何の飾りもない、シンプルなものです。不安なとき、リコの柔らかなふわふわの毛を撫《な》でていると、たちまち胸のざわつきが収まってきます。眠れない夜も、リコが身体を寄せてくれていると、寝息を聞いているうちに眠りに落ちていることがあります。たとえ眠れなくても、そばにリコがいてくれるだけで癒《いや》されます。リコのような相棒は不安を和《やわ》らげてくれる特効薬になります。

＊音楽を聴く――わたしは、できれば一日中でも聴いていたいくらい音楽が好きです。音楽はわたしにとって不安と闘う最強の武器なのです。音楽を聴くのは、不安から意識をそらし、感覚過敏から生じる不快感や頭に入り込んでくる考えにとらわれすぎないようにするためです。歌詞に耳を傾け、ミュージックビデオの風景を頭の中で再生していると、不安な状況から抜け出すことができます。感覚オーバーロードを引き起こしそうな音を遮断するときに、音楽はとても頼りになります。

＊こだわりの対象に没頭する――自分にとって強い興味や関心がある、つまり、こだわりがあるものに浸っていると、不安にばかり向かいがちな意識をそらし、日々の悩みから逃れることができます。ＡＳＤ女子はそうしたこだわりの強さを何かと問題視されていますが、定型発達の人たちにだってこだわりはあります。しかも、それは「情熱」と呼ばれたりして、むしろ、よいこととされています。ところが、ＡＳＤの人たちが何かに対して強い関心や興味をもつと、「特殊なもの」と見

なされて、ばかにされたり、よくないことのように扱われたりします。

地球温暖化対策の強化を訴えるスウェーデンの環境活動家グレタ・トゥーンベリはＡＳＤの高校生ですが、彼女の活躍は、ＡＳＤならではの「特殊な」こだわりがけっしてネガティブなものではないことを証明しています。ＡＳＤの人には長所や価値があり、社会に大きく貢献しうるポテンシャルがあります。

グレタの気候変動問題への強いこだわりは、世界中の若者たちの心を動かしてきました。パリ協定に基づく二酸化炭素の排出量対策を各国政府に徹底するよう訴えた、２０１９年5月24日の学校ストライキは、世界１００ヵ国以上から１００万人以上が参加するまでになりました。

わたしのこだわりの対象は大きな喜びの源泉でもあります。そのことに没頭していると、外界からの影響をシャットアウトできるだけでなく、ものすごく楽しくて、満たされるのです。わたしのこだわりの一つは心理学の専門書を読むことです。奇妙なこだわりに聞こえるかもしれませんが、人間の行動について学ぶことはおもしろくて、とてもためになります。何に対するこだわりであれ、対人不安からの避難手段としてぜひ活用してみてください。

＊スティミングをする――ＡＳＤの人は、強い不安や感覚オーバーロードにさらされたとき、さまざまなスティミング（自己刺激行動）で不安や苦痛を和《やわ》らげようとします。たとえば、同じ動作を繰り返す（手を叩く、身体を揺らすなど）、言葉やフレーズを繰り返す、物を動かしたり、いじったりするといった行動がそうです。

ところが、スティミングの理由を知らない定型発達の人たちは、わたしたちにやめさせようとします。奇妙なことをやっているから、「ふつう」のふるまいを覚えさせなければならないと思うのでしょう。でも、たとえわたしたちのふるまいが異様で奇妙に見えるとしても、そこには大きな目的があります。スティミングはＡＳＤの人たちにとって、心を落ち着かせ、不安を和らげてくれる瞑想《めいそう》のようなものです。わたしが貧乏ゆすりをするのは、貧乏ゆすりが不安を和らげ、感覚刺激にのみ込まれないように気を紛《まぎ》らわせてくれるからです。手首にいつもブレスレットのようにヘアバンドをはめているのも、いじっていると気持ちが落ち着くためです。

＊運動をする――身体を動かすと不安解消につながります。わたしはようやく最近、そのことに気づきました。以前のわたしは身体を動かすのが大嫌いでした。協調性運動障害があるため、わたしの動作はぎこちなくてぎくしゃくしています。そのせいで、何度もつらい思いをしてきました。クラスメートにからかわれ、ばかにされただけではありません。体育の先生にも、頑張りが足りないと言われ、ありとあらゆる方法で尊厳を傷つけられてきました。体育でチームを編成するときも、最後まで選ばれず、最初に除外されるのはわたしでした。どのチームからもお呼びがかからないような子が、運動を好きになれるわけがありません。

ところが、数ヵ月前、そんなわたしがジムに通い始めると、最初は面倒だった運動がだんだん好きになりました。自転車こぎの運動ができるエアロバイクやエリプティカルというフィットネスマシーンがとくに気に入っています。自分のペースで、しかも、音楽を聴きながらできるので最高です。ストレス解消とエネルギー回復に、エクササイズは絶大な効果を発揮しています。よく眠れるようにもなりました。

＊食事に気をつける――わたしはジャンクフードが大好きで、できるなら、チョコレートだけ食べていたいくらいです。でも健康のためにはバランスのいい食事は欠かせません。野菜、果物、炭水化物（穀物、イモ類、豆類など）、赤身肉、ナッツ類などをバランスよく含んだ食事は、わたしたちの身体を健康にしてくれるだけでなく、睡眠の質や不安レベルにもポジティブな影響を及ぼします。ただし、特定の食べ物の舌触り、臭い、温度、色、味に敏感なＡＳＤ女子にとっては、バランスのよい食生活の実践は楽なものではありません。同じものばかりを食べている人は、嫌いなものでも身体が受けつけてくれるように工夫をすることで、食材の幅を広げる努力をしてみましょう。たとえば、ミキサーなどでピューレ（クリーム）状にするといいかもしれません。

＊睡眠不足を解消する――身体と心の健康にとって睡眠は重要な意味をもちます。でも、残念ながら、ＡＳＤ女子の多くは不眠の問題を抱えています。寝つきが悪く、とくに、その日あった出来事で思い悩んだり、明日のことをくよくよ心配したりしていると、なかなか眠れません。睡眠の深さと質にも問題があって、そのために疲れやすく、睡眠不足になりがちです。そういう人はウエイトブランケットを試してみてください。わたしの場合、メラトニンとラベンダースプレー（お気に入りはラッシュの「トワイライトボディスプレー」）とウエイトブランケットに助けられています。この三つを組み合わせるとほんとうによく眠れます。

＊ポジティブを心がける――つねに、前向きで、人生のよい面に目を向けるようにすることが重要です。ポジティブシンキングは、頭の中からネガティブなおしゃべりを取り去ってくれます。つらいことが多かった日にも、かならず感謝の念を思い起こさせてくれるものがあるはずです。わたしの場合、それは家族と愛犬の存在です。眠る前には、その日にあったポジティブなことを三つ思い浮かべることにしています。するとたちまち勇気がわいてきます。どんなにつらい思いをしていても、それは一時的にすぎない、ものごとはいずれよくなっていく、そう確信できるのです。

不安症に対して

不安は、今まさに起きようとしていることや、これから起きるかもしれないことについて心配したり、恐れたりしているときに抱く感情です。人間の自然な反応であり、考えや感情、身体的感覚としてあらわれます。

ＡＳＤの人たちの場合、対人不安がどんどん膨《ふく》らんで、いつのまにか、あらゆるものに対する全面的な不安に姿を変えることがあります。たまに不安を感じるのは人として自然なことですが、充実した人生を送れなくなるほどの大きな不安は、心の健康に悪影響を及ぼします。たとえば、次のようなケースがそうです。

・実際の状況にそぐわないほどの大きな恐れや悩みを抱いている。

・不安のもとになりそうな状況を回避しようとする。
・悩みに押しつぶされるように感じる。または、悩みにふり回される。
・パニック、息切れ、動悸《どうき》、胃痛などの不安症候群によく襲われる。
・日常生活を送ることが難しくなる。または、好きなことができなくなる。

今のわたしは、不安を感じても、コントロール可能な範囲内にとどめておくことができます。でも、過去には、不安が大きくなりすぎて、まともに生活できなくなったことがありました。たとえば、何ヵ月もひどいいじめに遭っていた時期は、重度の不安障害になりました。毎日パニックに襲われて呼吸困難に陥り、動悸、激しい胃痛、頭痛に悩まされ、食事も睡眠もとれないほどでした。

その頃は、身体も心も言うことを聞かなくなって、急速に人生のコントロールを失っていくように感じたものです。そんなわたしを案じた両親はついに転校を決断しました。そして、問題の学校を離れた途端、あれほどわたしを苦しめていた激しい症状は嘘のように消えていきました。

不安から抜け出せずにいる人には、まず、前出の不安対策を試すことをお勧めします。それでも効果が出ずに、不安が暴走していく場合は、抗不安薬の服用を考えてもいいでしょう。

でも、どんな処方薬を使うにしても、不安の引き金となる問題が学校や家庭にあるとすれば、それに対処することが先決です。たとえば、今の不安がいじめから来ているとか、学校の支援が不十分なことから来ているとすれば、抗不安薬を飲む前に、まず、不安のおおもとにある問題を解決することから取り組むべきです。

感情にふり回されなくなるには

10代で女子というだけでもたいへんなのに、10代で女子でＡＳＤとくれば、その生きづらさは何倍も何十倍も大きくなります。10代は自分という人間を知るためにもがき続ける時期です。ただでさえ難しい時期が、ＡＳＤにとってはさらに難しい時期になります。

身体にあらわれる急激な変化、仲間たちからのプレッシャー、ソーシャルメディア、男子、いじめ、勉強などの問題に感覚過敏が加わります。それだけでなく、周囲から浮かないようにするため、社会が定義する「ふつう」という狭い枠に合わせて、苦手なコミュニケーションの問題にも対処しなければなりません。

ジェットコースターのように激しいアップダウンを繰り返す感情にふり回され、そのうち、お手上げ状態になったりもします。でも、自分の感情がわかれば、うまくつきあっていけるようになります。そのための４つのステップを紹介しましょう。

1　感情に名前をつける――自分の気持ちの正体を突き止めましょう。その感情を引き起こした状況や出来事について考えると、わかりやすくなります。たとえば、週末に一生懸命勉強したのに、歴史のテストで思ったような点数が取れなかったとしたら、がっかりして、落ち込んだりします。

その感情は「失望」とか「落胆」とも言い換えられるでしょう。そんなふうに気持ちに名前をつけてみると、主導権を握っているのは自分のほうだ、という感覚がわいてきます。感情の正体を見きわめる努力を続けていると、自分が何を感じているかに気づくのが上手になっていきます。

2　感情を受け入れる——自分の感情を認めてください。何を感じていても、かまわないのです。不安、悲しみ、怒り、ストレス、失望、困惑、興奮、嫉妬、それ以外のどんな感情だろうと、それはそれとしてありのままを認めてあげましょう。

3　感情を表現する——感情をコントロールするための最善の方法は、その感情を表現してあげること、外に出してあげることです。だからといって、かならず誰かに話さなければならないわけではありません。もちろん、信頼できる人に話すと楽になる場合もあります。でも、誰かに話す以外にも、ポジティブな方法で感情のはけ口を見つけることは可能です。たとえば、日記に書く、絵で表現する、散歩に出かける、など。それに、ベッドでぴょんぴょん飛び跳ねるだけでも発散できます。どんな方法を選ぶにしても、自分や他人を傷つけるようなことは絶対にしないでください。

4　自分を愛する——健全な方法で自分をいたわりましょう。楽しいこと、気分がよくなることをしてください。たとえば音楽を聴く、料理をする、お風呂に入る、犬の散歩に出かける、などなど。

感情と仲よくしていると、自分がコントロールしているという感覚が生まれます。感情にふり回されなくなれば、自分自身が運転席でハンドルを握り、感情の行先を決められるようになります。

うつになったとき

ときには感情のコントロールが急激に失われていく場合もあります。うつは10代女子によく見られる症状ですが、10代のＡＳＤ女子ではその傾向はさらに強まります。

うつというのは思春期によくある気分の変動とも、ＡＳＤの人たちを悩ませる対人不安とも違うものです。最大の相違点は、うつの場合、自分には価値がないという感覚や絶望感を伴うことです。

ＡＳＤの人たちにうつが多くなる原因は、おもに、他人から誤解されやすいこと、いじめや差別を受けやすいことにあります。こうした経験が自尊心を傷つけ、自信を失わせるのです。

不安とうつの見分けが難しいと感じている人は、うつには次のような症状があることを覚えておきましょう。

- 気分の落ち込みと悲しみが続く。
- 絶望し、悲観する。
- 自分には価値がない、救われないと感じる。

・人生に何の喜びも楽しみも感じられない。今まで楽しんできたもの、強くこだわってきたものがまったく楽しめない。
・エネルギーやモチベーションが下がり、強い倦怠感《けんたいかん》に襲われる。
・落ち着かず、イライラする。
・眠れない。または、寝過ごす。
・食欲がない。
・自分を傷つけることを考える。
・死や自殺を考える。

学校でひどいいじめが続くうちに、わたしも一時的にうつ状態に陥ったことがあります。圧倒的な無力感に包まれていた頃は、自分がクラスメートに拒絶され、ないがしろにされ、いじめられるのも仕方がないと諦《あきら》めるようにさえなっていました。暗く悲惨な毎日が続き、ベッドから這い出すだけでも一苦労でした。食べられず、眠れず、気力も体力も衰え、見る影もないほどのやつれようでした。

でも、うつは恥《は》ずかしいものではありません。うつ状態にある人は、両親やスクールカウンセラー、または信頼できる誰かに相談し、助けを求めてください。

自傷行為に及ぶ前に

青少年向けにオンラインサポートをおこなっているSelfharm UK（現在の名称はAlumina）という団体によれば、若者の13％が自傷行為に及ぶと言われています。気分がものすごく落ち込んでいると、人は、自分を苦しめている思考や感情、つらい記憶、圧倒的な状況や経験から逃れるためにみずからの身体を傷つけたくなることがあります。

ティーンの中には、言葉であらわせない何かを自傷行為によって表現しようとする人もいます。自傷行為に及ぶことで、目に見えない思考や感情を可視化し、心の痛みを身体の痛みに変換しようとするのです。自傷行為は気分を一時的に改善するかもしれませんが、大きな危険を伴うのはもちろんのこと、結局は気分を悪化させるものでしかありません。

自傷行為をやめるためには、なぜ自傷したくなるのかを理解する必要があります。理由がわかれば、やめるために何をどう変えるべきかが見えてきます。自傷の理由を探るために、次のように自分に問いかけてみてください。

・何がきっかけでわたしは自傷を始めたのだろう？
・どんなとき（どんな状況に置かれると）、自分を傷つけたくなるのだろう？
・わたしは、自傷行為の前にどんな気分になり、自傷行為の後は何を感じるだろう？

自傷のパターンが見つかれば、何が引き金になるのか、どんなときに自分を傷つけたくなるのかがわかってきます。引き金がわかれば、自傷の衝動をコントロールしやすくなります。特定の考えや感情、何らかの状況が引き金になるのかもしれません。衝動に気づきやすくなれば、自傷の回数を減らしたり、なくしたりするための対策や、より健全で安全なかたちで感情と向き合う方法をとることもできます。

助けを求めるには勇気が必要です。非難されるのを恐れて、尻込みしたくなるかもしれません。でも、覚えておいてください。人生には、どんな人でも助けやサポートを必要とするときがあります。わたしは、助けてほしいと言えることが真の勇気だと思っています。

信頼のおける人を選んで、自分の気持ちを打ち明けましょう。それは家族の誰かかもしれないし、学校の先生や友人かもしれません。行き詰まったときに備えて、助けてくれそうな人たちのリストをつくっておくのもいいでしょう。

そういうリストがあると、自分はけっして独りぼっちではなく、頼れる味方がいるのだということも確認できて、心強く感じるはずです。

残念ながら、自傷行為には魔法の薬や簡単な解決法はありません。2歩進んだと思ったら、1歩下がったりします。それでも、諦めないことが重要です。

失敗したと思う必要はありません。行きつ戻りつしながらでも少しずつ前進しましょう。重要なのは、ベストを尽くし、最終的に成功するということです。やり遂げると心に決めたことは、絶対にできると信じていてください。

自殺願望を切り替える

自殺は意図的に自分の命を奪う行為です。自殺願望には、人生を終わらせたいとか、自分がいないほうがみんなは幸せになるだろう、といった漠然とした考えや思いを指す場合と、自殺の方法を考えたり、具体的な計画を立てたりすることを指す場合があります。

いずれにしても、その人は自分の感情に怯《おび》えたり、混乱したりしています。自殺願望を抱くことは、それ自体が即、異常というわけではありません。生きていれば人生のどこかで自殺を考える人は大勢いるのです。

気分がひどく落ち込んで、どこにも希望を見出せないように感じると、人はいつのまにか自殺を考えたりします。その考えが漠然としているか、具体的かに関係なく、本人にはどうすることもできず、言い知れない恐怖を感じていることでしょう。思い詰めている人は、どうか勇気を出して、誰かに助けを求めてください。助けを求めることが、自分自身にとっても、大切な人たちにとっても、最善の選択なのです。

絶望的なネガティブ感情にとらわれたままでいるのをやめて、意識を切り替えていきましょう。絶望は永遠に続くわけではありません。そう信じて、今を乗り越える方法に意識を向けてください。

気持ちを切り替えていけるように、具体的な方法をいくつか挙げておきましょう。

＊楽しみにしていることをリストアップする——楽しみなこととは、たとえば、大切な人に会うこと、お気に入りのテレビドラマの次の回を観ること、コンサートへ行くこと、誕生日を祝うこと、などです。

＊手軽に楽しめることを計画する——手の込んだものや高価なものでなくてもかまいません。ビデオゲームをするとか、映画を観に行くとか、今すぐにできることを考えましょう。

＊自分を愛してくれている人たちのことを思う——自分がいなくなったら、家族や友人がどれほど打ちのめされるか、つまり、それほど自分はかけがえのない存在だということを忘れないでください。

自分に優《やさ》しくしましょう。親友に対してそうするように、自分自身にも優しく話しかけ、いたわりましょう。ネガティブな考えを追い出せそうなことは何でもやってみてください。チョコレートを食べる、お気に入りのコメディ番組を観る、気分の上がる音楽を聴く、絵を描くなど、楽しくて気を紛らわせることなら何でもかまいません。そして、自分は今の困難をかならず切り抜けられる、この暗い感情を乗り越えられると信じること、それもとても重要です。

自殺願望に飲み込まれているときは、自分は絶対幸せになれないと感じたり、未来にまったく希望をもてなくなったりするものです。でも、適切なサポートを受ければ、幸せで充実した人生を送れるようになります。相談する時期が早ければ早いほど、今の暗い気持ちを乗り越えるために必要なサポートと助けも早く受けられます。

レジリエンスを育てる

レジリエンスとはネガティブな経験や挫折を跳ね返す能力、打たれ強さのことです。その点、10代のＡＳＤ女子はとても打たれ強い存在です。ネガティブな経験はその最中は嫌なものであっても、レジリエンスを育てるチャンスでもあるからです。そして、楽しかった時間のありがたみや、人生のポジティブな面に気づかせてもくれます。

挫折や失望のない人生はありません。いつかは乗り越えられるとわかれば、力がわいてくるでしょう。落ち込んだとき、挫折を経験したときには、次のように自分に言い聞かせ、レジリエンスを育てていきましょう。

- 今、感じていることを、未来も感じるとは限らない。
- 悲しみ／動揺／怒り／失望／恐れを感じるのは当然のこと。でも、この感情もいつか過ぎ去るだろう。
- この経験は、わたしを強く、賢くしてくれる。

・困難を乗り越えれば自信につながる。失敗して、今は、2歩後退しているけれど、いつか、あきらめずに頑張った自分を誇りに思えるときがくるだろう。
・わたしは独りじゃない。似たような状況やこれよりひどい状況でも、大勢の人たちが乗り越えてきた。
・わたしがSOSを出せば、喜んで手を差し伸べてくれる人たちがいる。助けを求めるのは弱さのあらわれじゃない。
・今はお先真っ暗に思えるけれど、人生には、楽しいことやすばらしいことがたくさん待っている。

こうしたポジティブシンキングを習慣にしていると、ものごとを広い視野でとらえ、どんな壁でも乗り越えられるようになります。人生には「災《わざわ》い転じて福となす」状況がめぐってきます。もしわたしがひどいいじめに遭わなかったら、この本を書くこともなかったでしょう。ネガティブな経験が今の自分を育ててくれたと思っています。

似たような道をたどった人は他にも大勢います。たとえば、パキスタン出身のマララ・ユスフザイは、学校から家に帰る途中、女子であることを理由にタリバンに襲撃され、頭部に銃弾を受けました。その恐ろしい経験を乗り越えて、女性教育のために立ち上がったからこそ、人権活動家としてノーベル平和賞を受賞することになったのです。

第8章　自分好みのファッションスタイル

見た目へのプレッシャー

女子は、自分をよく見せなければならないという大きなプレッシャーにさらされています。とくに今は自撮りとインスタグラムが日常の一部になっている時代ですから、そのプレッシャーは相当なもの。10代の女子のほとんどは、見た目をよくするために、ものすごく努力しています。

髪は明るく染め、顔にはメイク、爪にはネイルアートを施《ほどこ》したりします。あれこれとジュエリーをぶらさげ、おしゃれな服やシューズをとっかえひっかえ。でも、こうしたおしゃれはどれも、感覚過敏の人たちにとっては、ひどい苦痛のもとになる場合があります。

わたしもテレビドラマに出てくる高校生みたいに、かわいい格好をしたくなるときがあります。「ゴシップガール」とか「プリティ・リトル・ライアーズ」とか「13の理由」とか「リバーデイル」とか。でも感覚過敏がそれを許してくれません。そういう格好をしようものなら、地獄が待っています。わたしにとっては、楽なスタイル、不快感や苦痛を伴わない服装を選ぶことのほうが重要なのです。

身につけたもののせいで、地獄を味わった日のことは今でも記憶に鮮明に残っています。スクールタイツをはくとき、いつもなら内側のラベルを切り落としたうえで、ウエストゴムが肌に直接当たらないように、コットンの肌着シャツの裾《すそ》を中に入れるのですが、その朝、寝坊したわたしは、お決まりの手順をすっ飛ばしてしまいました。

地下鉄に乗る頃には、タイツのラベルを取り忘れていたことに気づきました。しかも、肌着が届かない腰の部分にタイツとラベルが直接当たって、こすれています。その後の15分間で痛みは耐えられないレベルに達しました。まるで背骨のいちばん下を小さなドリルで削られているみたいな激痛！

流行の格好をしなければという同調圧力がどんなに強くても、あのときの激痛には到底かないません。でも、これはあくまでもわたしの話です。人によっては感覚過敏がここまでひどく出ずに、もっと幅広い服装選択が可能な人もいるでしょう。そうだとしたら、ラッキーだと思ってください。

自分の定番スタイルを決める

定型発達の10代女子は、ファッションに強いこだわりをもち、頭のてっぺんから足の先まで、ものすごく気をつかっています。でも、そんな女子たちの生態を誰が責められるでしょう？　インスタグラム、ブログ、映画、テレビ番組、広告、ファッション雑誌といった媒体からは、外見はこうあるべきだとか、これを着るべきだ、といったイメージがひっきりなしに押し寄せてきます。

想像を絶するほどスリムなモデルや、信じられないくらい美しい最新ファッションに身を包んだセレブの画像を目にしない日はありません。定型発達の10代女子は、そうしたイメージを模倣しなければならないというプレッシャーに翻弄《ほんろう》されています。

でも、ＡＳＤ女子は、幸いなことに、同調圧力や流行にはあまりふり回されません。その代わり、ファッションへの興味の薄さから、意地悪な女子たちのからかいの的《まと》にされる恐れはあります。10代のＡＳＤ女子は、たいていの場合、快適さと感覚過敏を服装選びの基準にしますが、それは、つまり、あまりおしゃれでない、流行とは関係のない服装になりがちだということです。

感覚過敏のことを考えるなら、わたしは、オーバーサイズのスウェットパンツとパーカーでずっと過ごしたいくらいです。それどころか、フランネルのパジャマのままで出歩けたら、どんなに楽かと思います。でも、外見で人から判断されたり、ネガティブな印象をもたれたりするのは嫌なので、できるだけの努力はします。外見にかまわない人だと思われたくないし、ネガティブな注目を集めたくないのです。

自分に合ったスタイルを模索中の人は、まず「スタイルアイコン」を見つけるところから始めてみてください。テレビや映画の登場人物とか、セレブの中に、自分好みのファッションスタイルの人はいないでしょうか？　わたしのお気に入りは、モデルで女優のカーラ・デルヴィーニュと、映画「トワイライト」シリーズのベラ・スワン役で有名なクリステン・スチュワートのファッションです。２人のボーイッシュなスタイルがわたしは大好きです。

自分の好みがわかったら、具体的にどんなアイテムを揃えたいかを考え、オンラインで探してみましょう。オンラインショッピングのすばらしさは、選択肢が豊富にあることです。ほとんどのブランドのアイテムがオンラインで手に入ります。何よりもいいのは、ショッピングモールまで行く手間が省ける（そして、感覚過敏の問題を心配しなくて済む）ことです。サイズや素材が気に入らなければ、簡単に交換・返品できるのも助かります。

自分の好みに合っていて、しかも問題なく着られる服のブランドや、それを売っているネットショップを見つけるまでには、時間がかかるかもしれません。わたしも、取り寄せたアイテムを返品しなければならなかったことが何度もあります。スタイルは気に入っていても、いざ着てみると、ひどくチクチクして、耐えられなかったりします。

好みに合っていて問題なく着られるアイテムが見つかったら、2～3着まとめて購入するといいでしょう。色違いがあればそれも買います。わたしは完璧なトレーナーに出会ったとき、いっぺんに3着買いました。

思い切って自分の定番スタイルを決めてしまいましょう。わたしはシンプルで流行に左右されないスタイルを見つけました。色は黒が好きなので、服の99％は黒で占められています。ボトムスに愛用しているのは、黒いリーバイスのハイウエストスキニージーンズ。ただし何度も洗濯して、ものすごく柔らかくしてからはきます。

トップスには、クラシックなトレーナーを何枚か揃えていますが、どれも上質なウルトラソフトコットンでできています。トレーナーは意外と便利だということもわかりました。セーターのようなニットタイプのものもあるし、レース地を重ねたものもあって、シンプルなトレーナーよりもおしゃれに見えます。

風邪を引きやすいので、上からコットンまたはベロア地のカーディガンかパーカー、ブレザーを羽織れば完成です。学校から放課後のアルバイトまで、どちらにも対応できるシンプルで飽きのこないスタイルだと思っています。

もちろん、着るものが自分の本質を伝えてくれるわけではありません。人間性はもっと重要な要素で決まります。たとえば、優《やさ》しさ、寛大さ、思慮深さ、受容力、包容力がそうです。とはいえ、ASD女子は、着ているものでクラスメートから人柄を判断され、容赦なく、からかわれたり、いじめられたりする場合があります。

周囲から浮きすぎない服装を選べば、余計な注目を集めずに、本来のユーモア、知性、正直さ、信頼性といったポジティブな面が伝わりやすくなるでしょう。

ブラは重要

ASD女子の中にはブラの着用を嫌がる人がいます。心地よくないし、必要ないと感じるのでしょう。でも、社会には服装の常識というものがあって、とくに「慎《つつし》み」を求められる場面では従わないわけにいきません。

自分の身体はプライベートなものです。だから着衣の下から乳首やバストが透けて見えてしまうなんてことにはなりたくないはずです。ブラをつけないと、クラスメートや他の人たちからじろじろ見られることにもなります。すると、からかわれたり、傷つくようなことを言われたりしやすくなり、性的ハラスメントにつながることさえあります。

自分でブラを買いに行くのが嫌な人は、お母さんにネットショップでひと揃え買ってもらうといいでしょう。気に入らなければ返品が可能です。

まず、自分のブラのサイズを知る必要があります。ブラのサイズは数字（アンダーバスト）とアルファベット（カップサイズ）の組み合わせでできています。メジャー（巻き尺）を用意したら、バストのふくらみの真下の肋骨《ろっこつ》周りを床と水平になるように測ります。これがアンダーバストのサイズです。次にバストのいちばん高いところをグルッと測ります。これがトップバストのサイズです。トップバストとアンダーバストの差（センチメートル）でカップサイズが決まります。

＊トップバストとアンダーの差（ｃｍ）	カップサイズ
6・5～8・5	AA
9・0～11・0	A
11・5～13・5	B
14・0～16・0	C
16・5～18・5	D

19・0～21・0　　E

たとえば、アンダーバストが75センチでトップバストとの差が12・5センチの場合、ブラのサイズは「B75」になります。

ブラサイズがわかったら、自分に合うスタイルを考えましょう。ブラのデザイン、素材、カラーはほんとうにさまざまです。自分のバストに合ったサポート力を選ぶ必要があります。

わたしはソフトカップのブラが好きです。柔らかくてストレッチ性があるのでつけ心地が抜群なのです。スポーツブラなら、さらにサポート力があるうえ、つけ心地もソフトカップに引けを取りません。

カップ下にカーブしたワイヤーが縫い込まれているアンダーワイヤーブラというのもあります。この骨組みのおかげで、サポート力は増しますが、つけ心地は他のタイプより劣るかもしれません。わたしは、ワイヤーが当たる感覚が嫌いなので使っていません。とくに前かがみになったときに、身体に食い込む感じがします。

ブラを選ぶときは、感覚過敏のことも考えましょう。合成素材のものより、１００％コットンのほうが心地よく感じるかもしれません。また、ホックが後ろ（背中）側にあるタイプと前（胸）側にあるタイプのどちらが自分に合っているかも重要です。協調性運動障害がある人は、前ホックのほうが楽かもしれません。

派手な色のものから、おもしろい柄入りのものまで、ブラにはたくさんの種類があります。ただし、薄い色のトップスを着たとき、派手な色柄のブラは透けて見えやすいので、注意が必要です。自分の肌色に近いシンプルなブラを少なくとも一つは買っておきましょう。

さて、探していたサイズと好みのブラが手に入ったとしても、調整が必要かもしれません。たいていのブラの後ろ側のホックは、引っかける位置を2～3段階ずらせるようになっています。いちばんきつい位置で留めたり、いちばんゆるい位置で留めたりして、ちょうどいいフィット感を探しましょう。同様に、肩ひも（ストラップ）の長さも調節できます。

それから、寝る前には、かならずブラをはずしてください。寝ている間にブラは必要ありません。そうとは知らずに、わたしは1年近くもブラをつけたままで寝ていました！

メイクする？ しない？

ＡＳＤ女子の多くはメイクをしません。流行に迎合しないという特徴も理由の一つかもしれません。ＡＳＤ女子は、定型発達のクラスメートたちほどトレンドに関心がないのです。また、臭いや肌触りに対する感覚過敏のせいで、クリームやパウダーを顔につける気に到底なれないのも、メイクをしない理由の一つでしょう。

定型発達のクラスメートたちが12歳前後で次々にメイクを始めていく中で、わたしはちっとも興味を覚えませんでした。それに、当時のわたしは極度な敏感肌だったので、身体がメイクを受けつけなかったのでしょう。

少しずつ試すようになったのは2年ほど前からです。ウェイン・ゴスやジェフリー・スターといったメイクアップアーティストが発信しているユーチューブのレッスン動画を観たり、ネットでいろいろなブランドの商品を調べたり、レビューやコメントを読んだりしました。驚いたのは、レッスン動画やコスメのレビューを見ていると、とてもリラックスできることです。ストレスとネガティブ思考の解消にはもってこいの方法になりました。

最初に購入したのはボビイブラウンのベーシックなメイクキットです。香りや色合いが自然で控え目なものを選びました。そこから少しずつコレクションを増やしながら、感覚を慣らしていくうちに、気づいたら、いろいろな商品やメイクスタイルを試すのが楽しくなっていました。

こんな話をしているからといって、すべてのＡＳＤ女子にメイクを勧めたいわけではありません。これはあくまでも自分自身が決めるべきことです。でも、もし感覚過敏のせいでメイクは不可能と思っているとしたら、あきらめるのはまだ早いかもしれません。

わたしのように、成長とともに感覚過敏が少し和《やわ》らいで、以前はまったく受けつけなかったものでも試せるようになるケースがあるからです。

ただし、メイクは誰にでも合うというものでもないし、人と同じでなければいけないと感じる必要もありません。ファッションやメイクで、人間としての価値が決まるわけではないことを覚えておいてください。

第9章　友だちづきあいのポイント

ややこしくなる友だち関係

10代のASD女子は自分だけの時間をたっぷり確保する必要がありますが、その一方で、クラスに溶け込みたい、仲間として認められたいとも感じています。これは帰属意識だけの問題ではありません。友人がいれば、いざというとき助けを求められるし、いじめから守ってもらえるかもしれないのです。

ところが、ASD女子のほとんどは友情を育てていくことがとても苦手です。外向的か内向的かに関係なく、人と仲よくなって、つきあいを維持していくことが自然にはできないのです。だから、周囲からは「なぜかわからないけれど、ちょっと変わった子」と思われたりします。定型発達の子たちの目には、「変わり者」や「一匹狼《おおかみ》」に映るのでしょう。

おまけに、思春期というのは、友だち関係がますますややこしくなっていく時期です。誰かに片思いをしたり、つきあい始めたりするうちに、友人同士の間で多くの対立やドラマが生まれます。10代は自立を始める時期でもあります。定型発達の子の大半は、家族と過ごす時間より、友人と過ごす時間を優先するようになります。突如として、友だちづきあいが何よりも重要視されるようになるのがこの時期です。

無理は禁物

自分はみんなと違うとか、仲間外れにされているという感覚は恐ろしいものです。だから、ＡＳＤ女子は、つい、頑張ってみんなに合わせようとします。でも、普段の自分とはまったく違うふるまいをしなければという思いは、大きなプレッシャーとなってのしかかってきます。

仮面をかぶって（自分ではない誰かのふりをして）いると、ものすごく疲れて、最終的には自己嫌悪に陥《おちい》ることになります。それに、演技がバレたりすれば、信用のならない人間だと思われるかもしれません。

だから、ほんとうの自分ではない誰かになろうとしないほうがいいのです。

何か共通の興味や関心があって、ありのままの自分を好きになってくれる人と友だちになりましょう。

会話のきっかけをつかむには

会話のきっかけがつかめなかったり、何を話せばいいかよくわからなかったりして、困ったことはありませんか？

そういう場合、会話のきっかけになりそうな質問リストをあらかじめつくっておくと、気まずい沈黙に陥らずに済みます。たとえば、こんなふうに。

・今週の土日は何をするの？
・最近、何かおもしろい映画を観た？
・ペットは飼っている？
・最近、よく聴《き》いている曲とかアーティストは？

会話を始めたいときは、まず相手に質問を投げかけて、その答えに耳を傾けるとうまくいきます。たいていの人は自分のことや自分の考えを聞かれるのが好きだからです。

友だちづくりにもってこいの場

クラスメートの中に自分と同じ興味や関心をもつ人がいなければ、自分の趣味に合ったクラブ（部活動）に入るという手があります。共通の興味や関心をもつ人を見つけるには、クラブは最高の場所です。とりとめのないおしゃべりではなくて、共通の趣味を話題にすればいいのですから、人づきあいはぐっと楽になるはずです。

校内に入りたいクラブがない場合は、自分でつくれないか学校に相談してみてはどうでしょう。

数学が大好きなわたしは自分で数学クラブを立ち上げたことがあります。

自分の趣味に合ったクラブは学校の外にあるかもしれません。子どもの頃、わたしは地元の考古学サークルに入っていました。そこでは自分と同じ歴史好きの子どもたちとの出会いが待っていました。わたしの妹も、以前、日曜の聖歌隊に入っていた頃、合唱好きの子どもたちとたくさん出会いました。

テーマは何でもかまいません。ダンス、劇、チェス、ロボット工学、お菓子づくり、読書など、共通の趣味をもつ同年代の子どもたちと出会える場所を探してみてください。そこでなら人づきあいはずっと楽になります。友だちづくりにはもってこいの場なのです。

会話を独り占めしない

ＡＳＤの人には、会話の相手を置き去りにしたまま、自分の話に夢中になってしまう傾向があります。とくに、自分にとって関心の高い話題では、ついそうなりがちです。でも、会話をするときは、相手の話にもちゃんと興味を示す必要があります。

会話を独り占《ひとりじ》めしないように注意しましょう。こちらが相手の話に興味を示せば、相手もこちらの話に興味をもち、つきあってくれる可能性が高くなります。自分の関心以外のところにも目を向ける心の広さをもちましょう。

何ごとも重要なのはバランスです。誰もが自分と同じ興味をもっているわけではないことを念頭に置き、相手の興味を探る努力と、自分の興味以外のことを話す努力をしましょう。

わたしにはコミックブックが大好きなクラスメートがいます。その子と会話が弾《はず》むように、わたしも、いろいろなコミックブックのことを調べてみました。すると、意外なことに、マーベル（訳注：「スパイダーマン」「X－MEN」「アイアンマン」などスーパーヒーローが出てくるアメリカンコミック誌）のキャラクターの裏話がとてもおもしろかったのです。

こうして自分の興味以外のトピックについて調べてみると、思いがけない楽しみに出会えるかもしれません。

おしゃべりには言葉を選ぶ

誰かとおしゃべりするときは、失礼だとか、不適切だと思われそうなことは、くれぐれも言わないようにしましょう。

相手の新しい髪形が気に入らなくても、相手の臭いを不快に思っても、自分の中にしまっておいてください。

正直も度を過ぎれば、いいことはありません。相手の感情を傷つけて、怒らせてしまうだけです。

こういう場合は、言葉を慎重に選ぶ必要があります。あるいは「褒《ほ》め言葉が見つからないときは、何も言わない」を徹底しましょう。

「よい友だち」になるには

よい友だちになるというのは、要するに、自分が接してもらいたいように相手に接することを意味します。どう接すればいいかは、相手の立場に立ってみるとわかります。

自分がその人だったら、どう感じるだろうと自問しましょう。怒りや不快感がわいてくるとしたら、相手にも同じ思いをさせてはいけないということです。友情は双方向の関係です。よい友人同士でいるためには、互いの努力が欠かせません。

ただし、失敗を恐れる必要もありません。この世には完璧な人間などいないのですから。重要なのは、同じ失敗を繰り返さないように学ぶことです。これまでに友だちやクラスメートを怒らせたり、傷つけたりしたことがあるとすれば、その経験から学ぶ努力をすればいいのです。

無意識のうちに相手を傷つけてしまいそうで不安だという人は、その不安を次のように正直に伝えてみてはどうでしょう。

▼たびたび相手の話の腰を折って不快な思いをさせたことがある場合

「わたし、夢中になりすぎて人の話をさえぎってしまう癖があるみたい。直そうと努力しているんだけど、もし今度あなたの話をさえぎったら、そのときは教えてくれる？」

▼話していると声が大きくなってしまう場合

「わたし、ときどき大声で話してるかもしれない。でも自分では気づきにくいから、今度、大声を出していたら、教えてくれる?」

▼自分ではそのつもりがないのに、相手を傷つけるようなことを言ってしまう場合

「わたし、言わなきゃよかったと後悔するようなことを言ってしまうときがあるみたい。今度、あなたを傷つけるようなこと言ったら、そう指摘してくれないかしら?」

仮に、友だちがわたしのふるまいをちょっと不快に思っているとしましょう。でも、わたしが改善の努力を示せば、相手が、理解してくれ、寛大な気持ちで接してくれる可能性は高まります。

よい友だちでいるためには誠実さと思いやりも重要です。ちょっとふるまいを変えるだけでも、相手に思いやりを伝えることはできます。たとえば、ランチの時間に席をとっておいてあげるとか、友だちが誰かにからかわれていたら、味方になってあげるとか、学校を欠席した日は授業の内容を書き写して送ってあげるとか。

覚えておきましょう。「友だちには自分が接してほしいように接しなさい」――これが鉄則です。

相手の気持ちを思いやる難しさ

他人の視点からものごとを眺め、その人の気持ちを理解することは、人とつきあっていくうえで重要なソーシャルスキルです。相手の気持ちを思いやることが友情を育《はぐく》むのです。そのためには、

自分が相手の立場だったらどう感じるだろう、と想像してみるのがいちばんですが、自分ではない誰かの感情を理解するのはものすごく難しいことです。根気強く取り組んでいくしかありません。

12歳の頃、わたしはシャーロットという女の子と仲よくなりました。シャーロットは、誕生日を1ヵ月後に控えたある日、自分は両親に誕生日のことを忘れられているから、ケーキも用意してもらえないだろう、と言い出しました。

周囲のみんなは、わたしたちが忘れないから大丈夫だ、考えすぎだよと言って、シャーロットを安心させようとしました。ところがシャーロットは耳を貸そうとせず、誕生日は祝ってもらえないに違いない、と言い続けていました。

誕生日の当日、わたしはチョコレートケーキをもって学校に行きました。親友らしいことをしたい、ケーキで驚かせてあげよう、と思ったのです。ところが、とんだ大間違いでした。わたしが喜び勇んでケーキを差し出した瞬間、シャーロットはチョコレートなんて大嫌いだと言って、ぷいと顔を背《そむ》け、走り去ったのです！

当時のわたしはただただ困惑するばかりでした。何年もたってからようやく、シャーロットが求めていたのは同情と注目だったことに気づきました。両親に誕生日を忘れられ、ケーキを用意してもらえないかもしれないことなど、どうでもよかったのです。

シャーロットにとって重要だったのは、友だちが自分の気持ちを理解して味方してくれるかどうかでした。誕生日のストーリーは、友だちの注目と同情を集めるための方便にすぎなかったのです。

ケーキを差し出されては、注目と同情の的でいることができなくなってしまいます。

ここでわたしがこんな体験談をするのは、他人を理解することがいかに難しいかを知ってもらいたいからです。もし誰かに学校でチョコレートケーキを差し出されたら、わたしなら有頂天になったでしょう。ところが、友だちづきあいの場では、ものごとはそう単純には進みません。人間というのはじつに複雑なものです。

友だちに助けを求めるとき

友だちに助けを求めることにためらいを感じるとしたら、それは、過去に友だちに助けを求めてがっかりさせられた経験があるからではないでしょうか。でも、相手がほんとうの友だちなら、きっと助けになってくれたはずです。

それに、こちらが事情を打ち明ければ、相手の理解は深まります。なぜふるまい方が他の子たちと違っているのかがわかって、断然サポートしやすくなるのです。

友だちに打ち明けてもかまわないと思えるようになったら、具体的にどんな状況で、自分のふるまいや反応に問題が出やすいかを伝えてみてください。たとえば、ものごとの突然の変更についていけないというのもASDの人にありがちな特徴です。

わたしも、経験上、何かの手順や予定があらかじめきっちりわかっていて、そのとおりに進むと不安が和《やわ》らぐことを知っています。

ただし、ルーティンに頼りすぎるのも、それはそれで問題です。ルーティンがふいに変わったとき、ものすごく不安になるからです。ものごとを自然な流れに任せることができる定型発達の人たちには、こういう生きづらさは、ちゃんと伝えない限り、理解してもらえないでしょう。

わたしは、12歳の頃、毎日、スクールバスの同じ席に座っていました。信じられないかもしれませんが、いつもの席に座れないだけで、尋常《じんじょう》でないくらい落ち着きを失って、もう、ほとんどパニック状態だったのです！

つねに頭の中は、明日も同じ席に座れるかどうかという不安でいっぱいでした。でも、恐る恐る友だちの一人に打ち明けてみたところ、翌日から、その子がいつもの席を確保してくれるようになって、たいへん助かりました。それだけではありません。学校でまた似たような状況に陥ったときに頼りになる友だちがいると思うだけで、不安が和らぎました。

だから、具体的にどんな状況が自分にとって困難なのかを、友だちに知らせておけば、友だちは手を差し伸べやすくなるはずです。

うわさ話はいじめ

10代の女の子たちはゴシップが大好きです。わたしも、センセーショナルなうわさ話にワクワクしてしまうことがあります。でも、うわさ話は他人の犠牲のうえに成り立つものです。うわさ話はある種のいじめです。

誰かをうわさのターゲットにして、その人を困らせたり、恥《はじ》をかかせたりするのは、相手を傷つける残酷な仕打ちにほかなりません。それに、その人の評判を台無しにすることにもつながります。うわさ話がどれほど深く人を傷つけるか、わたしも体験したので知っています。

14歳のとき、学校の2人のいじめっ子に根も葉もないうわさ話を広められたことがありました。2人は、わたしが「サイコパス」であるとか、精神病院に入院したとかいうでたらめを言いふらしたのです。

うわさ話はあっという間にクラス中に広まり、わたしが廊下を歩いていると、クラスメートたちは顔を寄せ合って、ひそひそ話を始めるようになりました。一度も話をしたこともない子に、いきなり「最近、自殺未遂をしたんだってね」と尋《たず》ねられたこともあります。

まったくのデマだというのに、疑っている子は一人もいないようでした。みんなはただの遊びのつもりでうわさ話を楽しんでいたのでしょう。でも、うわさをされる側にとっては、笑いごとでは済まされません。徹底的に打ちのめされます。

デマを広められることの恐ろしさを知って以来、わたしは、他人のうわさ話はけっしてしないことに決めました。本人に面と向かって言えないような話や、わたしがその人だったら聞きたくないと思うようなうわさが話題になりかけたら、わたしは絶対にその会話には加わりません。話題を変えるか、その場を離れるかします。

誰かの悪口を言うような人は、まず間違いなく、陰でわたしの悪口も言っているでしょう。クラスメートたちのゴシップやいざこざに巻き込まれないためのいちばんの方法は、そういう話をする人たちと距離を置くことです。

つきあうなら、優《やさ》しくて、誠実で、他人を思いやる人たちとつきあいましょう。

間違ったら謝る

人は誰でも間違いを犯します。そして、相手に謝罪しなければならないときが、きっとあるはずです。たとえば、友だちの誕生日を忘れてしまうとか、口外しないと約束したことを、うっかり誰かにしゃべってしまうとか。

では、間違いを謝罪しなければならないとき、どんなことに気をつければいいのでしょうか。次のことを参考にしてみてください。

- 相手とちゃんと顔を合わせて謝る。心から「ごめんなさい」と言う。
- 自分のふるまいについて言い訳をしない。言い訳をすると、心から反省していることが伝わりにくい。
- 何かいいことをしてミスの埋め合わせをする。たとえば、クッキーをプレゼントするとか、手紙を書くとか。

もしかすると、友だちは謝罪をすんなり受け入れてくれないかもしれません。たぶん気持ちを整理する時間が必要なのでしょう。そういうときは、何日か間を置いてから、もう一度アプローチすると、前より、心を開いてくれるかもしれません。

不健全な交友関係

交友関係はつねに健全なものとは限りません。ときには不健全なつきあいもあります。いっしょにいても楽しくないどころか、最悪な気分にさせられるような関係は、自尊心を奪われかねない有害な関係です。

たとえば、次のような兆候が見られたら、不健全な交友関係と言っていいでしょう。

- その友だちから批判され、意地悪なことばかり言われるので、あなたはしょっちゅう自信をなくしている。
- その友だちはいつも褒めてもらいたがるのに、あなたを褒めることはない。
- その友だちは、他の人がいっしょにいると態度を一変させる。他の人の前では、あなたを無視するか、意地悪な態度をとることとすらある。
- あなたが別の人と仲よくしていると、その友だちはそのことであなたを責める。
- あなたはその友だちがあまり優しく接してくれないことに気づいているが、そのうち変わるだろ

う と思っている。
・あなたがプライベートな話を打ち明けたら、その友だちに悪用されたことがある。
・その友だちはいつも自分の言いたいことを言うばかりで、あなたにはめったに口をきく暇を与えない。

わたしも不健全な交友関係を何度か経験したことがあります。そういう関係は最初のうちは良好でも、何かの理由で徐々に不健全なものに変わっていきます。しかも、変化がゆっくりすぎて気づかなかったりもします。

12歳のときに友だちになった女の子に、わたしは責められてばかりいました。わたしが他の子と話すと、その子はものすごく腹を立てます。それでも、他に友だちになってくれそうなクラスメートがいなかったので、わたしはその子とのつきあいを続けるしかないと思っていました。嫌な気分にさせられるのに、独りぼっちになるのが怖くて、縁を切ることができずにいたわけです。でも、やがて気づきました。みじめな気持ちにさせられる子といっしょにいるくらいなら、独りでいるほうがましなのです。

おもしろいことに、その子とつきあうのをやめたとたん、別のクラスメートと健全な友人関係を築くことができました。

自分が自分の親友になればいい

ＡＳＤの人たちは独りでいるのが得意です。そもそも自分だけの時間をたっぷり確保する必要があります。ソーシャルバッテリー（人づきあいに必要なエネルギー）を充電したり、感覚過敏を鎮《しず》めたりするためです。人とつきあわなければならないというプレッシャーを感じていても、自分を大切にするためなら、むしろ独りでいるほうが得策です。気が進まないのに無理に人とつきあう必要はありません。

長い時間、独りで過ごしていると、両親や家族が心配して、もっと友だちと過ごしなさいと言うかもしれません。でも、それは定型発達の人たちが孤独の価値を知らないからです。独りで過ごしている人を見ると、うつ病を患《わずら》っているとか反社会的な人間だと思うようです。そんな人ばかりではないというのに。

定型発達の人は誰かといっしょにいることで元気になりますが、ＡＳＤの人は独りでいることで元気になります。人づきあいで心身ともにくたくたになった後は、心を落ち着かせ、感覚過敏を鎮めるために自分だけの時間は欠かせません。

独りでいるからといって、けっして誰かに責められる筋合いのものではありません。どうか自分を優しくいたわり、自分を愛してください。自分が自分の親友になればいいのです。

第10章　恋愛のモヤモヤ

恋愛感情の見分け方

誰かに恋をしたり、デートしたりするのは、自然な成長過程の一部です。今はまだでも、いずれそのうち誰かに恋心を抱く日が来るでしょう。

たとえば、何となくクラスメートや知り合いに惹《ひ》かれたり、有名人に夢中になったりして、日替わりで、誰かしらに恋するようになるかもしれません。その人のことを考えるだけで、訳のわからない感覚に包まれることもあるでしょう。知らず知らずのうちに、何時間もその人のことを想い続け、いっしょにいるところを想像するようになったりもします。

10代にとって、恋愛の世界へ踏み込むことは、期待と不安が入り混じった複雑な挑戦です。とくにＡＳＤの子にとっては難しい問題をはらんでいます。デートの世界は謎だらけで、暗黙のルールがたくさんあり、誰もその意味を教えてはくれません。

ＡＳＤ女子には、相手がこちらに好意をもっているかも、相手に対する自分の好意をどう表現すればいいのかもわかりません。はっきり伝えすぎれば、必死だと思われてしまうし、そっけなさすぎれば、好きではないと思われてしまいます。ちょうどいい加減を見つけることが、とても難しいのです。

ＡＳＤの子は自分の感情を見分けるのが苦手です。だから、誰かに惹かれていても、自分では気がつかない場合があります。仮に特定の人に何かしらの感情を抱いているとして、もし胸がチクチクしたり、いつもその人のことを考えていたり、ずっといっしょにいたいと思っているなら、それは恋愛感情です。

デートのこととなると、定型発達の子はなるべくクールにふるまおうとします。ところが、ご存じのとおり、ＡＳＤの子は正直で単刀直入です。だから、好きだという自分の感情を包み隠さず表現してしまう傾向があります。ときには、あまりにも熱心すぎて、相手にいい印象を与えるどころか、当惑させたり、幻滅させたりもします。

その点、定型発達の子はたいてい控え目で、とくにつきあい始めの段階では、好意を抱いていることをオープンに表現しようとはしません。だから、ＡＳＤの子もあまりエンジン全開でぶつかっていかないようにしたほうがいいようです。

恋愛感情をわざとトーンダウンさせるという、このややこしい表現方法のせいで、ＡＳＤの子にとって、相手の感情を推しはかることはますます難しくなります。でも、相手に次のような兆候が見られるとしたら、こちらに好意を抱いていると思っていいでしょう。

・あなたの前でそわそわする。
・しょっちゅうあなたに笑顔を向ける。
・あなたのために何かいいことをする（たとえば、あなたをよく褒《ほ》めるとか、外にいて寒いときには、自分の上着をかけてくれるとか）。
・あなたに寄り添う（人は好きな相手には近づき、嫌いな人からは遠ざかる）。
・あなたにしょっちゅう触れる（たとえば、あなたの肩に腕を回したり、どこかへ向かうとき、あなたの背中にそっと手や腕を添えたりする）。
・あなたが話したことをよく覚えている（あなたの話を熱心に聞いているという証拠）。
・あなたのそばにいようとする。または、何となくいつもそばにいる。
・あなたがメールを送ると、すぐに返信してくれる。

これらの兆候が確認できたら、今度は、自分も相手を好ましく思っているかどうか、そして次の段階に進みたいかどうかを考えましょう。

デートに誘いたくなったら

好きな人ができたら、相手が自分をどう思っているかを調べてみましょう。その人の行動に注意を払ってください。

さっきリストアップした兆候（しょっちゅう笑いかけてくる、褒めてくれる、身体に触れる、メールを頻繁に送ってくるなど）が見られるとしたら、その人はこちらに興味をもっていると言っていいでしょう。

一方、相手が思いやりのない態度を見せたり、素っ気なかったり、何の反応も示さなかったりするとしたら、たぶん、こちらの気持ちに応えるつもりはないということです。その場合は、デートに誘っても仕方がありません。つきあうなら、親切で思いやりがあり、褒めてくれる人にしましょう。

相手が好意をもってくれていると判断したら、デートに誘いたくなるのではないでしょうか。でも、デートを切り出そうとすると、誰でも緊張するものです。どんな反応が返ってくるかわからないからです。そうかといって、誘わなければ、いつまでも相手の気持ちはわかりません。

どんな方法で切り出せばいいか、考えてみましょう。メールにしますか？　それとも、直接伝えますか？　直接、話すなら、プライバシーに配慮できるように、そばに誰もいないときに伝えましょう。そうでないと邪魔が入る恐れがあります。

たとえば、授業の前に図書室に一人で来てもらうのもいいでしょう。相手がやってきたら、強引な感じを与えないような言葉づかいで、リラックスして、さりげなく伝えます。たとえば、こんなふうに。「わたしたち気が合うみたいだから、今度の金曜日、映画でも観に行かないかなと思って」。

答えがイエスだったら、相手もこちらに好意を抱いていると言っていいでしょう。これが特別な関係を築くための最初の一歩です。

好きな人にふられたとき

こちらが誰かに強い恋愛感情を抱いていても、相手はそうではないかもしれません。気持ちに応えてもらえないのはつらいことですが、ふられたからといって、自分が悪いとは思わないでください。単に気が合わなかったというだけです。

腹が立ったり、動揺したりするとしても、これは誰のせいでもありません。恋愛関係は互いの気持ちが一致しない限り成立しないのです。相手の選択を尊重しましょう。

そして、もう一つ覚えておくべきなのは、人によっては、つきあうつもりがないのに、はっきりそう答えない場合がある、ということです。そういう人は、もっともらしい理由をつけて、デートの誘いを断ってくるでしょう。たとえば、今は忙しすぎて出かけられないとかなんとか。

こちらが何度か声をかけても、そのたびに相手が断ってくるとしたら、もう声をかけるのはやめにしましょう。無理に振り向かせようとしないことです。

気持ちに応えてくれない相手を悪く言うのもやめましょう。それより、自分の気持ちを別のところに向けてください。大好きな趣味に没頭すれば、きっと心の傷も癒《いや》されます。

誰かをふるとき

好きではない人から告白される場合もあります。そういう相手をふるのは簡単なことではありません。でも正直さがいちばんです。気まずい思いをしたくないからという理由だけで、好きでもない相手とつきあうべきではありません。

つきあう気がないなら、正直にそう伝えるべきです。思いやりと優《やさ》しさを忘れずに、ただし、きっぱりと断りましょう。

健全な恋愛関係って？

健全な恋愛関係とは、こちらを尊重し、支えとなってくれ、信頼して、ありのままを受け入れてくれる人と築くべきものです。いっしょにいる時間が楽しくて、ともに喜び合えること、助け合い、支え合えること、互いに思いやりを示し、信頼し合い、相手の欠点を受け入れられること、これができてこそ良好な人間関係は成立します。

これらの要素の中で最も重要なのは、相手に干渉されずに自分なりの選択ができること、嫌なことはしなくていい自由があることです。とくに身体的な親密さ（触れる、抱きしめる、キスするなど）やセックスに関しては、こうした選択の自由は欠かせない条件です。

セックスについて、これまで親に言われてきたことや、クラスメートたちのおしゃべりから漏れ伝わってきたこと、性教育の時間に教わったことなどから、漠然と理解しているかもしれません。

でも、お気づきのとおり、世の中にはセックスのことを人前で話したがらない人たちがいます。あくまでもプライベートで個人的な事柄だから、口にするのは憚《はばか》られると感じているのでしょう。でも、だからといって、学ぶことを諦《あきら》めてはいけません。

セックスと自分の身体についてきちんと知っておかないと、正しい決断を下せるようにならないからです。

思春期、セクシュアリティ、セックスに関して学ぶには、本を読むのがいちばんです。人間と違って、本は眉《まゆ》をひそめたり、狼狽《ろうばい》したりしません。詳細に書かれていて、わかりやすいイラストも載っています。何度でも読み返すことができます。身につけた知識は自分を守る武器になります。

残念ながら、セックスのことを学ぶ機会から遠ざけられている女子ほど、相手につけ込まれやすく、後悔するようなことをさせられやすいのです。セックスについて学び、自分の身体を守る方法を知っていれば、正しい決定を下すことができます。

自分の身体は自分だけのものです。身体に対して、自分が望まないことを他人からされる筋合いはありません。こちらが望まない限り、誰かに身体に触れさせる必要はありません。身体のどこの部分であれ、触れられたくなければ、ためらわずに「ノー」と言いましょう。

自分の身体に対してしてほしいこと、してほしくないことを決めるのは自分自身です。相手をがっかりさせるかもしれないとか、怒らせるのではないかと、悩む必要はありません。こちらをほんとうに大切に思ってくれている人なら、願いを尊重してくれるはずです。

同意と安全が大前提

さて、誰かと性的な関係をもつことに決めたとしましょう。その場合、自分とパートナーの両方が同意している必要があります。そして、安全なセックスを実践しなければなりません。

「同意」とは双方がセックスを望んでいて、どちらも強制されたり、プレッシャーを感じたりしていないという意味です。「安全なセックス」とは、望まない妊娠や性感染症を防ぐために、きちんと対策をとるということです。

クラスメートがセックスを経験していたりすると、自分も経験しなければという無言のプレッシャーを感じる場合があります。経験すれば、仲間に入れてもらえそうだとか、一目置かれるかもしれないと感じるのです。でも、覚えておいてください。たいていの性体験の話は大げさに盛られていたり、嘘《うそ》だったりします。けっして鵜呑《うの》みにしてはいけません！　どうか自分を大切にしてください。そして納得できる選択をしてください。

誰かと性的な関係をもつべきかどうか迷っているとしたら、なぜ、関係をもとうとしているのかを自分自身に問いましょう。もし、次に挙げる理由のどれかが当てはまるとしたら、のちのち後悔することにならないように、真剣に考え直すべきです。

・相手のプレッシャーを感じているから。
・相手に捨てられたくないから。
・「ノー」と言いにくいから。
・相手の気持ちを傷つけるのが嫌だから。
・人気者になりたいから。
・みんながやっていることだし、自分だけ遅れをとりたくないから。
・相手を愛していることの証明になるから。
・相手に好きになってもらえると思うから。

男子の中には、セックスに対して女子とはまったく違う見方をする子たちがいます。そういう男子にとって、セックスは挑戦であり、ゲームであり、人気コンテストなのです。だから、心にもないお世辞を言って相手をだまし、性的な行為をさせようとします。

わたしが以前通っていた学校には、性的な関係をもった女の子たちに点数をつけて、ランキング表をつくっている男子たちがいました。セックスするためだけに、好意があるふりをして女の子に近づき、目的を果たすと、たちまちその子を無視するようになり、悪口を言いふらしていました。

その種の男子がターゲットにするのは、だまされやすく、いじめられやすい女の子です。だからわたしたちＡＳＤ女子はとくに気をつけなければなりません。ヌード写真を求めてくるような相手や、こちらが望まない性的な行為を求めてくる相手には警戒してください。

そういうプレッシャーをかけてくる人は、よからぬ考えをもっていると考えて間違いありません。

性的虐待を受けたとき

残念ながら、女の子は性的虐待《ぎゃくたい》を受けやすいという事実があります。こちらの望まないかたちで、誰かがキスや接触を迫ってきたり、抱きしめようとしたり、もしくは、キスや接触や抱擁《ほうよう》を強要してくるとすれば、それは「**性的虐待**」であり、違法行為です。

こちらが望んでいないのに、相手がセックスを強要することは「**レイプ**」と呼ばれる重大な犯罪に当たります。

性的虐待をされた女の子は、たいていの場合、自分を責めています。自分のふるまいが性的虐待を招いたのだと思って、罪悪感を抱いているのです。でも、そんなことはありません！　性的虐待の被害者に非などないのです。

性的虐待を受けた経験やその疑いがある人は、信頼できる大人に今すぐに相談してください。怖くても、恥《は》ずかしくても、かならず打ち明けるべきです。

悩み苦しみを独《ひと》りで抱え込むのはやめにしましょう。いたわりと思いやりを受けて当然なのです。どうか、自分のせいで起きたのではないことを知ってください。

別れるべきとき

人間関係を終わりにするのは容易なことではありません。でも、関係がうまくいかなくなっているとすれば、自分には合っていないということです。自分も相手もそれぞれの道へ進めるように、素直に事実を受け入れましょう。

別れを切り出すときに最も重要なのは、誠実でいることです。相手につらく当たったりせずに、でも、もう会いたくない、という気持ちを伝えてください。

たとえば、こんなふうに言うといいかもしれません。「わたしたち友だちでいるほうがよかったと思う」「わたしたちうまくいかないみたいね」

独りでも最高

親はＡＳＤの子のためを思うあまり、「みんなと同じように」というプレッシャーをかけてくることがあります。たとえば、他の子たちのように、誰か好きな子はいないのかとか、つきあっている子はいないのかと聞いてきたりします。

クラスメートの多くにボーイフレンドやガールフレンドがいるのを見て、我が子にも当然、デートの相手がいていいはずだ、と思うのでしょう。

でも、社会集団に参加すること、つまり、「みんなと同じようでいること」が、つねに、すばらしいとは限りません。そのことを親はわかっていないのではないでしょうか。

現に、わたしのクラスメートの多くは、まともな親なら到底認めないようなふるまいをしていますが、当の親たちは知らないみたいです。16歳のクラスメートたちは、しょっちゅうお酒を飲んだり、たばこを吸ったり、ドラッグをやったり、自分のヌード写真を送りつけたり、たいていは見境なく、セックスをしたりしています。

批判するつもりはありませんが、わたしは、自分の将来を危うくするような行動には参加したくありません。だから、学校の外では独りでいるほうが楽なのです。

学校ではクラスメートたちとフレンドリーに接していますが、その子たちの行動を「楽しそうだ」とは思わないし、そこに加わりたいとも思いません。

どんなに同調圧力があろうと、わたしは抵抗することを選びます。その種の行動に加わるくらいなら、つねに流されず、自分に正直でありたいのです。

みんなに「合わせて」ある種の行動に加わることに違和感を覚えている人は、自分を貫《つらぬ》くべきです。他の人のようにふるまうために自分らしさを犠牲にすることなど、あってはなりません。

他人の考えや期待に合わせる必要はないのです。ＡＳＤの子は生まれつき違っているのですから、みんなとは違うリズムで歩いていきましょう。

第11章　ジェンダーアイデンティティに対して

自分は「ノンバイナリー」

男とはこうあるべきだとか、女とはこうあるべきだといった、従来のジェンダーロール（性役割）は、わたしたちASD女子にとってはわかりにくいものがあります。ASD女子の中には、いかにも女の子らしい子もいるにはいますが、大多数は「**中性的**（**ジェンダーニュートラル**）」です。でも、そのことが定型発達の人たちをまごつかせることがあります。

どうも、この社会は人間を二つのカテゴリーにきっちり分けたがるようです。男か女かという二者択一のシステム（バイナリーシステム）のもとでは、ジェンダーは二つのまったく異なる性質に分類され、それぞれが固定不変で、まったく正反対な、互いに完全に切り離されたものとして扱われています。

でも現実には、ジェンダーは流動的なものであり、二つに切り離すことなどできません。ASDの多く（男性、女性に関係なく）が自分を「**ノンバイナリー**」と見なしている理由はここにあります。ノンバイナリーとは、男か女かという二者択一の分類が自分にはあてはまらないと認識している人のことです。

わたし自身、ときによって自分を女性と認識したり、中性と認識したりしてきました。4歳の頃は、ディズニーのプリンセスに夢中で、シンデレラ風のフリルだらけのドレスを着たがったものです。ポリエステル製のドレスは肌にチクチクするというのに、我慢するつもりでした。それくらい当時はプリンセスになりたかったのです。

でも、成長するにつれ、外見や服装に関してもっと現実的になりました。服を選ぶときは、実用性が高く、着心地がよくて、感覚オーバーロードを起こさないものを選ぶようになりました。男児用のコーナーでスーパーヒーローもののTシャツばかりを買っていた時期もあります。男の子用の服は着心地がよいことがわかったからです。それに、女の子用の服に多い派手なピンクや紫色よりも、グレー、紺色、黒といった色合いも、自分の好みに合っていました。

クラスの女の子たちがメイクをしたり、髪を明るく染めたり、ネイルをしたりしているそばで、わたしはボーイッシュな格好をしていました。髪は無造作《むぞうさ》なポニーテール。服は中性的な雰囲気のもの。そして、みんなが夢中になっているファッション雑誌のモデルには少しも興味がありませんでした。そのため、わたしをレズビアンと呼ぶ子たちもいました。ASD女子をけなすつもりで、そういうレッテルを貼りたがる人はたくさんいます。

最近のわたしは自分を「**シスガール**」だと思っています（つまり、自分は女性に生まれついたと認識しているということです）。試行錯誤しながら、自分らしいスタイルをつくり上げてきました。今はメイクもします。以前と違って、髪はストレートにして下ろしています（昔は感覚過敏のせいで、首の後ろが痛くなってできなかったスタイルです）。

服装に関してはカジュアルを定番にしています。黒いハイウエストのリーバイスのスキニージーンズに、柔らかいコットン製のトレーナーかパーカーを合わせ、スニーカーはアディダスの黒白のスーパースターを愛用しています（靴《くつ》は毎日たいてい同じものをはいています）。たまにドレスを着ることもありますが、ハイヒールは絶対にはきません。

中性的なタイプのＡＳＤ女子は、女らしさを求められることに抵抗を感じるかもしれません。そうしたプレッシャーはメディアからくる場合もあれば、クラスメートや友だち、家族からくる場合もあるでしょう。でも、そんなことは気にせず、自分らしく生きればいいと思います。自分に合うスタイルを見つけて、それをトレードマークにしましょう。

トランスジェンダーとＡＳＤ

ＡＳＤ男子の中には女の子に生まれてくるべきだったと感じている人がいます。生まれつきの性別と自分の認識が一致しない男子（女子もそうですが）は、「**トランスジェンダー**」または「**トランス**」と呼ばれています。

トランスジェンダーは包括的な呼称であって、表現スタイルや行動パターンには幅があります。自分を女性だと思っている人もいれば、男性だと思っている人も、また、どちらもしっくりこないと感じている人もいます。男か女かという二者択一の分類が当てはまらないと感じているノンバイナリーの人には、「**ジェンダーフルイド**（不定性）」（あるときは男だったり、別のときは女だったりして、ジェンダーアイデンティティが男女の間を行き来する人）や、「**ジェンダークイア**」（自分は男でも女でもないと思っていて、男女という二者択一の分類を信じていない人）がいます。

こうしたトランスジェンダーの中には、生物学的な性のままで生きることを選択する人もいれば、ホルモン療法を受ける人や、性別適合手術を受けて完全に性転換する人もいます。

ＡＳＤの子たちは「**性別違和**」を覚える割合が高いと考えられていますが、ここ数年、その理由を探る研究がさかんにおこなわれてきました（性別違和というのは、生まれつきの性別とジェンダーアイデンティティが一致しないことで生じる苦痛を意味する臨床《りんしょう》用語です）。

研究の結果、ＡＳＤの子たちは性別違和を抱えているというより、ジェンダーアイデンティティへの「特別な関心」を性別違和と混同しているのではないか、という見方が出てきました。つまり、他の人たちと違っていると感じる原因を探っているうちに、ＡＳＤの子は、あたかも性別違和に原因があるかのように勘違いする、というのです。

こうした研究には不完全なものも含まれていますから、まだ結論は出ていません。わたしは、性別違和は定型発達かＡＳＤかに関係なく、同じように起きるのではないかと思っています。両者に違いがあるとすれば、それは、定型発達の子たちが社会規範に従わなければならないという気持ちから性別違和を否定しやすいのに対して、ＡＳＤの子たちにはその種の妨げがないということではないでしょうか。

カミングアウトのタイミング

自分をトランスジェンダー女子だと思っている、または確信している人は、男子から女子へジェンダー移行するために「**カミングアウト**（公表）」したいと思うかもしれません。

カミングアウトにはたいへんな勇気が求められます。簡単な方法や正解はありません。でも覚えておいてください。すでにカミングアウトした人たちも、みな悩みながら、正しい情報、助言、サポートを得て、不可能を可能に変えてきたのです。

誰かにカミングアウトしようというなら、まず自分自身にカミングアウトしなければなりません。そのためには、自分自身を今以上に理解すること、つまり自己探求のプロセスが必要です。それは、自分が感じていることに正直になり、どうなりたいのかをよく考えるということです。

自分のジェンダーアイデンティティをはっきりさせたいのか、どう表現したいのか、それとも、ジェンダーアイデンティティを隠しておきたいのかも考えなければなりません。

急いでカミングアウトする必要はありません。ゆっくり自分のペースで考えましょう。さまざまなトランスジェンダーの人たちが、さまざまな時期にカミングアウトしてきました。人生のどの時期に打ち明けるかは人によります。自分に合った決断を、プレッシャーからではなく、自信をもって下すことが重要です。

また、カミングアウトと言っても、周囲に公表することとは限りません。カミングアウトは全か無かの決定ではなく、さまざまなかたちがあっていいのです。ほんとうの自分を自分が認めてあげるだけで、心の中にとどめておくという選択肢もあれば、家族や親しい友だちだけに伝えるという選択肢だってあるでしょう。

カミングアウトを決断したら、まず自分の親や親しい友人に伝えたいと思うかもしれません。ただし、覚悟しておいてください。身近な人であっても、最初からポジティブな反応を返してくるとは限らないからです。

相手は意表を突かれてびっくりするかもしれません。思いがけないことを知らされたとき、人は、なかなか気持ちの整理がつかないものです。

みんながみんな、すんなり味方になってくれるわけではないことを知っておきましょう。ショックを受けて混乱する人、トランスジェンダーのことを誤解している人もいます。そういう人には、こちらから教えてあげる必要があります。

一方、思いのほかスムーズに受け入れてくれる可能性もあります。相手がうすうす気づいていた場合、トランスジェンダー女子だと聞かされても、「やはりそうだったか」と思うだけで、別段、驚きはしないでしょう。

親や家族とどう向き合うか

　カミングアウトでいちばん難しいのは親や家族に打ち明けるときです。とくに家族が性別役割やジェンダーアイデンティに関して、きわめて伝統的な考え方をもっている場合、ネガティブな反応を見せるはずです。

　そういう人たちは、大々的な変化に戸惑ってもおかしくはありません。突然、息子がいなくなったかのように感じて、事実を受け入れられないのです。

　親にしてみれば、ある意味、息子に死なれるのも同然でしょうから、否定、驚愕《きょうがく》、混乱、怒り、悲しみといったさまざまな感情を経験してもおかしくはありません。娘として受け入れることができず、つらく当たる場合も考えられます。

　たとえそうだとしても、諦《あきら》めずに、辛抱強く伝えることが重要です。ほんとうの自分を大切にするからこその選択だったということをわかってもらうべきです。

　親や家族が、子の新たなジェンダーアイデンティティを受け入れられずにいるとしたら、トランスジェンダーの子をもつ親の支援団体にコンタクトするように勧めてみてください。そこでは、トランスジェンダーの息子や娘をもつ会員がいて、当事者の親をサポートしてくれたり、質問に答えてくれたりします。

ジェンダー移行は少しずつ

カミングアウトが自分にとって正しい選択だと判断したら、次は、どのように男の子から女の子へジェンダー移行したいかを考える段階です。ジェンダー移行は時間のかかるプロセスです。一気にではなく、少しずつ自分の気持ちを確かめながら進めましょう。

新たなジェンダーアイデンティティを人に認識してもらうのは、最初から簡単にはいかないかもしれません。手始めに、名前を女性的なものに変えて、みんなにその新しい名前で呼んでもらうように頼んではどうでしょうか。

周囲が新しい名前や代名詞（「彼女」という表現）に慣れるまで、何度も念を押さなければならない場合もあります。根気よく取り組んでください。

男子から女子へのジェンダー移行を計画している人は、10代の女子のファッションやメイク、ふるまい、話し方をよく観察するといいでしょう。自分と体形のよく似た女子を選んで、つぶさに観察してみます。その子はどんな服装、アクセサリー、ヘアスタイルをしているか。どんな癖があり、どんな話し方をするか……。

トランスジェンダー女子として通用するためのコツは自信をもつことです。女子として堂々と歩き、ふるまっていれば、変な注目を集めずに済みます。過度に女性らしい服装をしたくなるかもしれませんが、体形をカバーすることを優先させたほうがいいでしょう。

筋肉質の人は、似たような体形の女子の服装を参考にしてみてください。女らしい体形になりたい人は、ブラジャーをつけて、自分の体格に合ったバストパッド（ブレストフォーム）を入れるといいでしょう。ほんもののバストっぽく見えるパッドは高価と思うかもしれませんが、www.nicolajane.comではさまざまなタイプのものがリーズナブルな値段で手に入ります。

女子らしく見せるには、髪を伸ばすという手軽な方法があります。前髪を下ろせば、より女の子らしく見せることができます。

メイクに関しては、いきなり本格的な化粧をするより、ナチュラルな感じに仕上げてみてはどうでしょうか。マスカラと色の淡いリップバームくらいから始めるといいかもしれません。

顔の産毛が目立たない人は、そのままでもいいのですが、産毛が目立つ人は、もし感覚過敏の問題がなければ、除毛クリームかワックスで処理するといいでしょう。

また、柔らかめの高い声で話すと、女らしく聞こえます。

公共トイレ問題

男女どちらのトイレを使うかは、トランスジェンダーの人たちがかならず直面する問題です。トランスジェンダーの若者が自分のジェンダーアイデンティティどおりのトイレを使うのは当然の権利です。つまり、トランスジェンダー女子なら、女子用トイレを使ってしかるべきだということです。

でも、やはり躊躇《ちゅうちょ》するかもしれません。入口で阻止されるのではないか、トランスフォビア（トランスジェンダー嫌い）の人たちからいじめを受けるのではないかと心配になるでしょう。実際、学校では絶対にトイレに行かないトランスジェンダーの子たちもいます。

わたしのトランスジェンダーの友だちも、学校では水分をなるべくとらないようにして、家に帰るまでトイレを我慢していました。でも、今は堂々と女子トイレを使っています。学校で女子トイレを使わずに我慢しているトランスジェンダーは、自分なりの解決策を見つけていくべきです。

できれば、あらゆる場所に、ミックスジェンダー用、もしくは、ジェンダーニュートラル用の個室トイレが設置されていることが理想ですが、残念ながら、そういう場所は多くありません。女子トイレに入ることに抵抗があるとか、安心できないという人は、障害者用トイレを使うという手があります。

じつのところ、生物学的な性別どおりのトイレよりも障害者用トイレを好むトランスジェンダーはいるにはいますが、多くのトランスジェンダーは、あくまでも最後の手段にすぎないと考えています。自分が使うことで、障害者が使いたいときに使えなくなるのが嫌なのです。

それに、トランスジェンダーであることは障害ではないのに、障害者用トイレを使わなければならないことに抵抗を感じる人もいます。いずれにしても、自分が使いたいトイレを安心して使えるようになることが重要です。

正直に、そして前向きに

性的指向（どんな人に惹《ひ》かれるか）はジェンダーアイデンティティとはまったく関係ありません。トランスジェンダーであると同時に、ストレート（異性愛）の人もいるし、ゲイの人も、バイセクシュアルの人も、あるいは、性的関心がまったくない人もいます。

どのような性的指向であろうと、誰かとデートをするとき、相手に自分のトランスジェンダーをいつどのように伝えるかは複雑な問題になるでしょう。でも、どんなに複雑だとしても、肉体的な関係を築きたい相手には、つねに正直かつ率直であるべきです。

ジェンダー移行が済んだら、自分の性的指向に関して、今までとは違う表現を使うことになるでしょう。たとえば、男子に魅力を感じるトランスジェンダー女子は自分をストレートと認識していますが、以前は、ゲイの男子として見られていたかもしれません。

トランスジェンダー女子はトランスジェンダー女子特有の問題に直面します。トランスジェンダーであることを前向きにとらえるためには、まず、自分に正直になり、ありのままを愛することから始めましょう。

ＡＳＤのトランスジェンダーだからといって、他のみんなと同じチャンスを得られないわけではありません。未来を悲観する必要もありません。現にＡＳＤでトランスジェンダーの人たちは専門分野で成功を収めています。みんなと同じようによい友だちをもち、誰かと恋をし、家族と良好な関係を築いているのです。

第12章　学校生活を悪夢にしないために

学校生活を乗り切るためのヒント

ＡＳＤの生徒にとって学校は悪夢のような場所になるかもしれません。生きづらさに対して配慮のない環境では、毎日が苦労の連続です。まるで、学校という場所が自分を困らせるために設計されているのではないかとさえ思えてきます。

ＡＳＤであっても、音、光、人ごみなどに対してさほど過敏ではない子はいますが、それでも、教室の照明、子どもたちの叫び声、廊下の混雑、カフェテリア（食堂）や理科実験室や更衣室の強烈な臭《にお》いなど、学校中にあふれている感覚刺激にはかならずと言っていいほど参ってしまいます。

ＡＳＤの子にとって何よりも悩ましいのは、基本的に学校は社会交流の場であるという点です。学校でうまくやっていくためには、他の生徒たちとかかわり合い、コミュニケーションをとる必要があります。ところが、ＡＳＤの子は学校社会の「ルール」をすべて理解しているわけではないため、しょっちゅう苦労することになります。

しかも、そういうルールは、やっと慣れたと思った途端にまた変わったりもします。たとえば、同じ言葉でも使う人によって意味がまったく異なる場合があって、こちらがそれを察し損《そこ》ねると、相手に腹を立てられたりします。定型発達の人たちと波長が合わず、学校環境に溶け込めないことから不安が生じると、勉強にも身が入らず、成績に悪影響が出ることすらあります。

ＡＳＤの生徒にとって学校は理想的な場所ではないかもしれません。でも、工夫次第ではストレスの少ない、今より快適な学校生活は実現できるのです。ここからは、わたし自身が実践してきた方法を紹介しましょう。

◎過剰な感覚刺激を避ける

ＡＳＤの子が学校でいちばんつらい思いをするのは、騒音、人ごみ、照明、臭いなどの感覚刺激が最悪のかたちで組み合わさったときです。たとえば次のような場合には不安が最高潮に達します。

・カフェテリアに入っていくと、生徒たちでごった返していて、頭上からは照明の強烈な光が降り注ぎ、あたりに雑多な臭いが充満しているとき。
・次の授業のために混み合った廊下を移動しなければならないとき。
・騒然とした全校集会に参加しなければならないとき。
・混雑した廊下を通って、自分のロッカーまで行かなければならないとき。

感覚刺激があまりにも強すぎると、ASDの子は圧倒されて、適応できなくなります。

▼こうしてみよう

ちょっとした工夫次第で学校生活のストレスは大幅な軽減が可能です。学校の助けを借りて過剰な刺激を減らしていく方法はたくさんあります。たとえば、混雑した廊下を通って次の教室に移動するのが苦手な人は、今の授業が終了する5分前に出られるように許可をもらってはどうでしょうか。そうすれば、混み合う前の静かな廊下を通って次の教室に向かえます。

授業中にたびたび不安に襲われる人は、学校に「タイムアウト（小休止）」カードをもらえないか相談してみてください。不安が手に負えなくなる前に、そのカードを提示すれば、教室を離れて、静かな場所に行けるようになります。

感覚過敏の問題を相談するのは恥《は》ずかしいことではありません。刺激の強すぎる環境に悩まされている生徒は、これまでにもきっといたでしょう。むしろ、学校側が画期的な解決策を知っているかもしれません。そうでなくても、こちらから、具体的な希望や考えを提示すればいいのです。ためらわないでください。

◎予定やルーティンが変わっても慌てない

ASDの生徒にとっては、ものごとがスケジュールどおりに進むことや、いつもと同じであることが重要です。ASD向けにはできていない世界では、何かと不安を感じやすいものです。その不安をうまく抑えていくためには、ルーティンは欠かせません。

ものごとの次の展開がわかっていれば、心の準備を整える時間的な余裕が生まれます。逆に、学校のスケジュールやルーティンが突然変更されたりすると、ASDの子は途端に心のバランスを失い、まるで、泳げないのに海の上に突き出た細い板の上を歩かされているような気分に陥《おちい》ります。

去年の9月、わたしは新しい学校に入学しました。新生活は誰にとってもストレスフルなものですが、ASDの人間にとってはなおさらです。知らないことだらけの環境で、わたしが頼りにできるのはクラスの時間割表だけでした。次の予定がわかっていれば心を落ち着かせられるからです。

ところが、最初の週から、その予定は覆《くつがえ》されることになりました。物理の時間だと思っていたところ、突然、授業がキャンセルされ、なんと学年全体でチーム活動をするというではありませんか。気づいたときには、なじみのない広いホールで大勢の生徒たちに囲まれていました。目隠しをした状態で、他人を信じて身体を動かすという、さまざまなレクリエーションに参加しなければなりませんでした。会場はあっという間に押し合いへし合いのカオスです。誰もがわめいたり、小突《こづ》いたり、ぶつかったりしています。

わたしにとってはまさに人生最悪の悪夢！　あの混乱の中をどう生き延びたのか、自分でもよくわかりません。最後には、身体のあちこちにあざができて、ほとんど動けなくなっていました。

予定の大幅な変更を直前まで知らされなかったという事実は、わたしにとって大きな不安の種になりました。時間割は当てにならないのだと思うと、つねに怯《おび》えていなければなりません。いつまた、あのレクリエーションのような恐ろしい活動に巻き込まれるかわからないからです。

▼こうしてみよう

時間割やルーティンの突然の変更でパニックにならないためには、事前に知らせてもらうよう先生に頼んでおくのがいちばんです。数日前に知らせてもらえれば、不意を突かれてうろたえることがなくなります。わたしも今までの経験で、先のことがわかっていると不安がかなり和《やわ》らぐことを知りました。ルーティンの変更をあらかじめ知っていれば、どのような活動になるかがわかるので、必要な配慮をお願いすることもできます。また、こうしたリクエストはかならず個別教育計画にも加えてもらいましょう。

◎遂行機能の問題

遂行機能は計画を成し遂げる能力のことです。この能力のおかげで、人は時間を管理したり、ものごとを記憶したりすることができます。また、複雑な問題を解決する、書かれたものを理解する、自分の考えを文章にまとめる、宿題や課題をこなす、試験勉強をするなど、さまざまなことを可能にしているのが、この遂行機能です。つまり、学校生活を送るためには欠かせない基本的なスキルだということです。

ところが、ＡＳＤの生徒は、かならずと言っていいほど、この遂行機能を大の苦手としています。宿題を済ませたり、課題やものごとを忘れずにやり終えたりするのが苦手な人は、遂行機能に問題があると言っていいでしょう。

次に挙げるのは、遂行機能に問題がある場合によく見られる兆候です（注意欠陥多動性障害〈ＡＤＨＤ〉も遂行機能の問題ですから、これらはＡＤＨＤの兆候とも一致します）。

・考えをまとめる。
・何かに集中し続ける。
・やるべきこと（タスク）を整理し、計画を立て、優先順位をつける。
・タスクに取りかかり、最後までやり遂げる。
・一つのタスクから別のタスクに移る。
・方向や順番を変える。
・時間を管理する。
・自分の持ち物を管理する。

▼こうしてみよう

遂行機能の問題を解決するためには、必要なときに実行を促してくれるような手段を用意しておくといいでしょう。

わたしが学校で実践している方法をいくつか紹介します。

※色分けする

どの授業にどの教科書をもっていくかわかりやすくするために、わたしは色分けシステムを使っています。まず、科目ごとに色を決め、それと同じ色のシールを教科書や道具に貼っていきます。たとえば、英語を緑にしたら、英語の教科書とファイルの背に緑色のシールを貼ります。英語の授業に2種類のアイテムが必要な場合、時間割の「英語」の欄に「2」と書き込んでおきます。ロッカーを開けたとき、緑色のシールのついた2つのアイテムをとり出せばいいので、とても便利です。

※つねにチェックリストを使う

家にもち帰る教科書と学校にもって行く教科書を忘れないようにするためには、チェックリストが有効です。スマートフォンのチェックリストアプリを利用してもいいでしょう。特定の日に家にもって帰るべきすべてのアイテムのリストと、朝、学校にもって行くべきすべてのアイテムのリストをつくっておきます。家を出る前と学校を出る前に、リストアップされたアイテムがかばんにすべて入っているかチェックしましょう。

◎タスクを小分けにする

大きなタスクはいくつかの小さなタスクに分解すると、やる気をなくして先延ばしにするリスクを減らせます。ゴールはどんなに先だとしても、まずは、小さくて取り組みやすいタスクに分けることから始めましょう。たとえば、美術の宿題で自由作品をつくらなければならないとしたら、こんなふうにステップを踏みます。

・ステップ1——作品のテーマを決める。
・ステップ2——必要な材料をリストアップする。
・ステップ3——必要な材料を揃える。家になければ買う。
・ステップ4——いつどこで制作するかを決める。
・ステップ5——制作に取りかかる。

計画を立てると、管理しやすくなります。どんなに大きなタスクでも小分けにすれば、やる前から茫然自失して放り出すなどということは避けられます。

◎同じものを2セット用意する

学校から自宅にもち帰るべきものや自宅から学校へもって行くべきものを忘れがちな人は、同じものを2セット用意するといいかもしれません。1セットは学校に、もう1セットは家に置いておくのです。アマゾンでは教科書も買えるので便利です（以前もっていた教科書を買うこともできます）。

学校用と自宅用を揃えておくと、かばんが軽くなるというメリットもあります。

◎ルーティン化する

ＡＳＤの子は時間の管理が苦手です。したがって、宿題用の時間を十分に確保するためには、習慣化、ルーティン化するのがいちばんです。決まった時間に宿題に取り組むようにすれば、後回しにしたり、やったりやらなかったりすることがなくなります。

◎優先順位をつける

学校生活でいちばん難しいことの一つは、複数ある宿題のどれから取り組めばいいかがわからなくなることです。提出期限が早いものと時間がかかるものの区別がつかなかったり、どの科目にどれくらい時間とエネルギーを注げばいいのかがわからなかったりします。

自分の好きな科目や得意科目には夢中になりますが、その反面、嫌いな科目や苦手な科目には目もくれないということが起きがちです。そういうときは、スマートフォンの宿題管理アプリを使うか、締め切り前に先生に念押ししてもらうように頼んでおくといいかもしれません。

◎宿題に取り組みやすい環境をつくる

ＡＳＤの子はものごとに集中するのが苦手で、注意が散漫になりがちです。だから、宿題に取り組むためには、騒音や気の散るものがない環境づくりが重要です。スマートフォンは手の届かないところに置いて、テレビは消します。机が散らかっていれば片づけて、静かに落ち着いて宿題に集中できるように環境を整えましょう。

読んでいるだけで気が遠くなってくるかもしれませんが、少しばかり環境を整えるだけでも、遂行機能は格段に改善されるでしょう。

集団とうまくつきあう

10代のASD女子は人とつきあうこと、人に「合わせる」ことが苦手です。一対一の関係ならまだしも、相手が集団となると、かなり難しいものがあります。

クラスメートのおしゃべりはものすごくペースが速くて、言葉がパッパッと行き交うため、わたしはとてもついていけません。いつ発言すればいいか、何を言えばいいのかわからずに、どうしてもまごついてしまいます。クラスメートたちと波長が合わないと感じることがよくあります。

▼こうしてみよう

要するに、無理は禁物です。人づきあいが苦手でも自分を責めないようにしましょう。どうも先生というのは、すべての生徒がかならず友だちを欲しがるものだと思っているようですが、たとえ大多数の生徒がそうであっても、全員に当てはまるわけではありません。現に、わたしのように独《ひと》りでいるのが好きな人間もいます。世間体や批判を気にして無理に仲間に加わろうとするくらいなら、わたしは独りでいることを選びます。

無理やり誰かと「友だち」にさせられてもいいことはありません。わたしの場合、そういう相手はたいてい友好的ではありませんでした。自分が好きでもない人たちや嫌な気分にさせられる人たちと、無理につきあう必要はないのです。

こうした人づきあいの問題を乗り越えるためには、仲よくする相手を慎重に選ばなければなりません。経験上、わたしは、人とどこかが「違っている」生徒のほうが、むしろ共感力が高く、思いやりがあって親切な人が多いことを知っています。

わたしの友だちには、生まれつき変わった顔つきの子や脳性麻痺（身体が自由に動かせない）の子がいます。2人のトランスジェンダー女子もいます。みんなすばらしい人たちです。彼女たちほど、他人を一方的にこうだと決めつけることがなく、深い包容力と理解力を備えた人間を、わたしは知りません。

◎先生にＡＳＤを理解してもらう

先生の中にはＡＳＤ女子に困惑する人たちもいます。ＡＳＤとはこういうものだという自分の思い込みと、実際のＡＳＤ女子の様子にギャップを感じて戸惑うようです。固定概念とは違うふるまい方をするＡＳＤの生徒を見て、そういう先生は、ほんとうにＡＳＤだろうかと疑ったり、ＡＳＤ

であることを忘れたりします。

　たしかにＡＳＤは見た目ではわかりにくいうえ、しかも女子のＡＳＤは模範生タイプが多いので、先生に見過ごされることがよくあります。その種の先生は、たいてい、定型発達の子たちと同じことを要求してきます。つまり、みんなと「合わせる」こと、同じように行動することを求めてくるわけです。こちらが感覚刺激に打ちのめされていようと、先生は、そんなことはおかまいなしに、何でもサクサクとこなしていくことを期待します。

　わたしの知る限り、ＡＳＤの生徒に対して理解を示さない先生には、ＡＳＤに関するトレーニングが足りていません。ＡＳＤの生徒をどう理解し、どうサポートすればいいか、どう思いやりを示せばいいかがわからないのです。

▼こうしてみよう
　自分の担任が女子のＡＳＤをよく理解していないようだったら、関連資料を渡してください。わたしがお勧めするのは、英国特殊教育ニーズ協会（ｎａｓｅｎ）の『Girls and Autism: Flying under the radar（女子のＡＳＤは発覚しにくい）』という資料（https://nasen.org.uk/resources/girls-and-autism-flying-under-radar）です。先生がこれを読めば、あなたの日頃の生きづらさをおおまかにでも把握できるはずです。適切な情報を少し得るだけで、今よりも支援と理解と共感を示すようになるでしょう。

◎休み時間を乗り切る

長い休み時間は悪夢の時間帯です！　学校に友だちがいない人や、独りでいるのが好きな人にとって、過ごし方がわからない長い休み時間はつらく感じられるでしょう。しかも、そういう時間帯は先生の監督が行き届かないので、いじめの温床《おんしょう》になりやすいという点でも問題です。

▼こうしてみよう

わたしは長い休み時間は自分の好きな活動をするようにしています。せわしなくて騒々しい学校生活には圧倒されっぱなしですから、長い休み時間は、心を鎮《しず》め、疲れを癒《いや》すための貴重な時間になります。とくにお勧めなのは、静かで、リラックスできる図書館です。本を読みたい気分でなければ、読まなくてもかまいません。折り紙をする、絵を描く、ソリティア（トランプゲーム）をするなどして、くつろぎましょう。

◎一貫性のないルールや要求に戸惑わない

ＡＳＤの子はものごとが一貫していることを好みます。自分のするべきことや求められていることに、ムラやばらつきがあるのは苦手です。ところが、学校のルールや要求は、つねに一貫しているとは限りません。

たとえば、ある先生は、授業中、質問したいときは、まず手を挙げなさいと言い、ある先生は、いきなり声を上げて質問してもかまわないと言います。こうした一貫性のないルールには、ほんとうにめまいがしてきます！

わたしの妹の学校にはえこひいきをする先生がいました。ある日、妹の親友がネックレスをしていくと、その先生はしきりに褒《ほ》めそやし、別の日、妹が同じネックレスをしていくと、褒めるどころか、学校にアクセサリーをしてきたことを理由に居残りを命じました。

妹にはまったく訳がわからず、不公平な扱いに腹が立つばかりでした。ところが、そのことを先生に話すと、口答えしたという理由でまたもや居残りを命じられてしまったのです。

ＡＳＤの子の多くは、正義感が強く、善悪の意識が高いため、先生のルールに一貫性がないと、困惑するだけでなく、理不尽で不公正なことのように感じます。ところが、それを指摘されて納得する先生はめったにいません。むしろ、指摘した側を厄介者《やっかいもの》扱いするのが落ちです。

ＡＳＤの生徒が真実を指摘したところで、メッセージは受け入れられず、失礼だとか生意気だと非難されてしまう、そういうことがよくあります。

▼こうしてみよう

この問題にうまく対処するためには、先生がルールや要求をコロコロ変えてくるたびに記録をつけ、一貫性のないルールや要求をリストアップしておくことをお勧めします。こうすると、先生ごとの要求の違いを把握しやすくなります。

それに、先生も人間です。残念ながら、生徒から不公平さを指摘されてありがたがる先生はまずいません。むしろ、批判されている、ばかにされていると思うだけです。だから、もし先生の間違いに気づいたとしても、「自分は気づいている」という、その事実だけで満足しなければならないときもあります。

◎チームワークや共同作業の難しさを解決する

ＡＳＤの生徒はチームワークや共同作業で大きな困難に直面するかもしれません。わたしにもそんな経験があります。

たとえば、地理の授業でチームを組んだときには、他のメンバーたちが忙しくてかかわれないと言い張るので、結局、自分一人で取り組まなければなりませんでした。数日かかったものの、我ながらとても満足のいく仕上がりで、Ａ＋の評価をもらえました。ところが、チームワークは最低のＦ評価でした。先生は、なんと、わたしが他の子たちを説得して参加させるべきだったと言うのです。

でも、わたしにはそんな能力はありません。正面から向き合うことは避けて通るタイプです。それに、非協力的な４人の定型発達の生徒たちを説得するだけのコミュニケーションスキルもありません。

別のチームプロジェクトでは、自己主張の強いメンバーたちに、まったく口を挟《はさ》ませてもらえなかったこともあります。わたしが意見を言おうとすると、無視されたり、却下されたりしました。

▼こうしてみよう

自分がチームプロジェクトに入れられることが事前にわかっている場合、先生にチーム内の力関係の難しさを知らせてみてはどうでしょうか。チームを組んでも大丈夫そうな人と、できれば避けたい人がいることをわかってもらえるよう、先生にリストを渡すといいかもしれません。協力的で、互いの存在を尊重し合える生徒たちといっしょのほうが、チームワークはずっと気持ちのよい経験になるはずです。

◎授業に参加する

学校には、生徒はみな授業に積極的に参加するべきだ、という強いこだわりがあります。わたしの場合、授業に心地よく参加できるかどうかは、担任の対応とクラス内の人間関係によって決まります。

たとえば、授業中に先生がクラスに質問を投げかけたとしましょう。宿題も復習もバッチリのわたしには、答えがわかっています。教室のあちこちで手が挙がり、自分も同じようにしようとします。でも、なぜかできません。そのうち誰かが答えを口にして、さかんなディスカッションが始まります。ところが、わたしはどんなに頑張っても発表できないのです。

残念ながら、感覚オーバーロードがとくにひどい日や不安が強い日のわたしは、たとえ指名されても質問に答えるどころではありません。身体が固まって口が開かないのです。

とくにつらいのは、一生懸命授業に耳を傾けていて、答えもわかっているのに、当てられるかと思うと不安が倍増して、答えられなくなることです。しかも先生の目には、上《うわ》の空で授業に身が入らない生徒にしか映らないのですから、わたしはますます落ち込みます。頭の中でどれだけ激しい葛藤が繰り広げられているか、先生は知る由《よし》もありません。

▼こうしてみよう

授業中に当てられることへの不安を和らげるために、フラッグシステム（旗立て）という方法があります。とくに不安が強い日には、机の隅にピンク色の付箋《ふせん》を貼って、「そっとしておいてほしい」という意思《いし》を表示するのです。

また、先生に相談すれば、こちらが自信をもって質疑応答やディスカッションに加われるような別の解決策を提示してくれるかもしれません。

◎微細運動能力

ＡＳＤの子の多くは指先や手を細かく正確に動かすことが苦手です。こうした運動は「微細運動」と呼ばれ、学校生活のさまざまな場面で必要になります。字を書く、絵を描く、キーボードで入力する、細かい道具を操作する（たとえば、生物の時間に顕微鏡を調節したり、数学の時間にコンパスや分度器を扱ったりする）ときにものを言うのが、この微細運動能力です。

他の子たちが何気なくやっていること――ボタンをとめる、ファスナーを閉める、ペットボトルのキャップを開ける、ランチを切り分ける、靴紐《くつひも》を結ぶといったこと――に、ASDの子が四苦八苦する理由は、この微細運動能力の低さにあります。

一時期、わたしは体育の先生に目をつけられていました。授業に向けて、さっさと体操着に着替えようとするのですが、どんなに頑張っても、いつも最後になっていたからです。ボタンやファスナーを閉め、靴紐を結ぶことは、わたしにとって簡単な作業ではありません。でも、先生には理解してもらえないどころか、もたついていると居残りにするとまで言われる始末でした。

▼こうしてみよう

わたしの知る限り、微細運動能力の問題を解決したければ、先生に正直に打ち明けることがいちばんの近道です。たとえば、美術の場合、作品を仕上げるために人より時間がかかるという事情を先生に伝えておけば、自宅や昼休みに取り組むことを許可してくれるかもしれません。

とくに美術、理科、体育の先生の理解とサポートを得られれば、学校生活は格段に変わってくるはずです。こうしたリクエストは個別教育計画書にもかならず加えてもらいましょう。

◎粗大運動能力

ＡＳＤの子の多くは全身を使う運動も苦手です。腕や脚といった身体の大きな部分を使う運動は「粗大運動」と呼ばれています。たとえば、歩く、走る、自転車に乗る、泳ぐ、などの全身運動がそうです。全身の動きがぎこちないせいで、ＡＳＤの生徒は体育の授業や体育祭でみじめな思いをすることがよくあります。

わたしは、クラスメートたちが難なく走ったり、ボールを投げたり、キャッチしたりするそばで、見るも無残な姿をさらしてきました。走ればいつもビリ。ボールはキャッチできた例《ため》しがありません。

当然ながら、チーム競技では、メンバーに選ばれるのは最後の最後でした。8歳のとき、同じチームになった2人の子が泣き出したこともあります。わたしがチームにいると、どんな競技でも「ビリは確定だ」と言うのです。体育の授業や体育祭で、こうした屈辱的《くつじょくてき》でいたたまれない思いをしたのは、一度や二度ではありません。

▼こうしてみよう

粗大運動能力の問題も、やはり学校に知らせることが解決への近道です。とくに体育の先生には伝えておくべきです。体育の授業を楽しい経験にするか、みじめな経験に終わらせるかは、体育の先生が鍵を握っています。

こちらから正直に事情を伝え、助けとサポートを求めてください。ベストを尽くしていることをわかってもらいましょう。

さらには、他の生徒が楽にこなしている身体活動にものすごく苦労するということが、どれほど気まずく、自信を失わせることかも伝えてください。

じつを言うと、わたしは10歳のときから、運動会や体育祭はパスしています。死ぬほど気が滅入る経験をしてきたからです。その日は学校を休んで、母といっしょに映画を観に行くか、何か楽しいことをするようにしています。こうした特別な要望もかならず個別教育計画書に入れてもらいましょう。

◎更衣室

体育や水泳の授業の前後に、他の女子といっしょの場所で着替えをする際、ＡＳＤ女子はものすごく恐ろしい思いをします。

うわさ話やとりとめのないおしゃべりにつきあわなければならないこともストレスですが、更衣室そのものが感覚過敏にとっては悪夢のような場所なのです。

換気のよくない部屋には、衣服やシューズの汗臭さと、デオドラント、シャンプー、ヘアスプレー、メイク、香水などの臭いが渾然一体となって充満しています。しかも、頭の上からは照明のチカチカする光と低いうなり音が襲ってくるのです。

▼こうしてみよう

学校の更衣室に耐えられないと感じたら、少しでもストレスを和らげるような工夫ができないか学校に相談してみましょう。たとえば、別の場所で着替えさせてもらうとか、着替える必要がないように体操着で登校させてもらうとか。

重要なのは、黙ったままで我慢しないことです。相談すれば、学校はこちらの不安を和らげる解決策を思いつくかもしれません。この件も個別教育計画書に入れてもらいましょう。

◎カフェテリア

たいていの高校のカフェテリアは広くて騒々しい場所です。それに、生徒たちの主要な交流の場にもなっています。それだけでも十分に強烈だというのに、さまざまな食べ物の臭いが漂っているのですから、頭がクラクラしてきます。

わたしも、カフェテリアの環境に耐えられず、まったく近寄らなかった時期があります。その頃は、一日中、何も食べずに過ごしていました。でも、これはけっして望ましい解決策ではありません！

▼こうしてみよう

学校のカフェテリアの環境に耐えられないと感じているなら、学校に相談して、静かな落ち着ける場所でお弁当を食べる許可を得てはどうでしょうか。この件も個別教育計画書に入れてもらいましょう。

制服

制服のある学校に通う場合、生地や素材が肌に合わず、感覚過敏の問題が起きるかもしれません。わたしは、チクチクするウールのセーターとポリエステルのシャツとネクタイに悩まされていました。シャツの首の周りがこすれるため、気が散って勉強に集中できないし、痛くてたまりませんでした。

▼こうしてみよう

制服のせいで不快感に悩まされていることを相談すると、学校が、何らかの対策を提案してくれる場合があります。たとえば、見た目が同じでも、感覚過敏を起こしにくい素材でできた代替品《だいたいひん》を許可してくれるかもしれません。ポリエステルのシャツを、オーガニックコットンのシャツに替えるのも一案です。

転校という選択

ＡＳＤの子は、周囲の世界に溶け込むために自分を変え、適応することをつねに求められています。でも、その世界は、そもそも、ＡＳＤに配慮したつくりになってはいません。もし学校がＡＳＤへのサポートを真剣に考えているなら、学校側も歩み寄る姿勢を見せるべきです。ＡＳＤへの認識を高めることはもちろん必要ですが、それだけでは十分ではありません。

ＡＳＤの子がポジティブな学校生活を送れるかどうかを左右する最大の要因は、学校側がみずからのアプローチを変え、ＡＳＤの子に能力をフルに発揮させられるようなサポート態勢や環境を整えていく意欲そのものにあります。

ＡＳＤの生徒は大きな変化や重い負担を求めているのではありません。ちょっとした配慮が大きな違いをもたらすのです。たとえば、「タイムアウト（小休止）」カードの導入もその一つでしょう。このカードがあれば、不安や感覚過敏のせいで静かな場所に行く必要が生じたとき、提示するだけで、教室を離れられるようになります。

でも、残念ながら、現実には、歩み寄ってくれる学校ばかりではありません。一部の学校は、ＡＳＤの生徒に時間や資源を使うのは無駄と考えているようです。そういうサポート意欲のない学校に我慢して通い続けていても、幸せにはなれません。心身ともにボロボロになるのは目に見えています。

実際、学校での経験が原因で深いトラウマを負ったＡＳＤの子が、自傷行為に走ったり、ひどいうつ状態から自殺未遂に至ったりするケースは後を絶ちません。

たとえ不公平で理不尽な選択に思えるとしても、ネガティブな環境とはいっそのこと縁を切って、立ち去るべきときもあるのです。十分な理解とサポートが受けられ、本来の能力を発揮できるような教育環境に身を置くことは、一つの権利なのですから。

ホームスクーリングという選択

ホームスクーリング（在宅教育）は、ＡＳＤの子にとって最も効率的で安心安全な学習スタイルかもしれません。自宅でなら、過剰な感覚刺激やいじめの心配がありません。わたしは半年間、自宅で学習したことがありますが、ほんとうに快適でした！

ホームスクーリングには次のようなメリットがあります。

＊自分に合ったスタイルとペース――個人の特殊なニーズや興味関心の対象に合わせて自由かつ柔軟に学習内容を変えられ、自分のペースで学ぶことができます。わたしの場合、数学と科学は駆け足で学習し、余った時間を苦手な科目、たとえば外国語に回しました。そんなことは学校ではけっしてできなかったでしょう。

＊プレッシャーの軽減――リラックスして自分らしく学習できます。学校と違って、周囲に合わせ

たり、人とつきあったり、感覚刺激の問題に対処したりする必要がありません。わたしは、自宅のほうがずっと楽に効率的に学習できることを実感しました。

＊学ぶ楽しさ——学校というストレスだらけの環境を離れると、学習意欲がわいてきます。自分がほんとうに好きな分野に打ち込むことも可能になります。わたしは学校で教えていない科目を学びました。心理学もその一つです。

＊いじめの不安からの解放——学校に行けば、ASDの生徒を苦しめずにはおかないいじめの天才たちが待ち受けていますが、家庭では、いじめられる心配がありません。安心して自由に学ぶことができます。ありのままの自分に満足し、前向きになれます。

＊自信と自尊心——ポジティブな学習経験は自信と自尊心を育ててくれます。学校ではつねに劣等感にさいなまれ、困難や苦手なことばかりに意識が向きがちですが、家庭でなら、自分の長所、才能、能力、個性を伸ばすことに専念できます。自分は失敗するためでなく成功するために生まれてきたのだということに気づきます。

ホームスクーリングは誰にでも向いているわけではありません。学校で学ぶ従来のスタイルとはかなり異なっています。ホームスクーリングには次のようなデメリットがあることも知っておいてください。

＊保護者の収入減――学習を指導監督するために、たいていの場合、保護者の一人が仕事を辞めなければなりません。そのことが家計に打撃を与える恐れがあります。

＊費用――教科書、文房具、実験道具、美術の材料、楽器、消耗品など、自前で用意しなければならないものがあるため、費用がかさみます。

＊専門知識の不足――ホームスクーリングを担当する保護者には手に負えない科目があるかもしれません。わたしの母は物理、化学、高等数学を教えられませんでした。

＊孤立――学校社会から切り離されるため、かなり努力しない限り、人と交流する機会がなくなります。

＊成績表がない――学校のように成績表があるわけではないので、夏季研修の申請や大学への出願が難しくなるかもしれません。肉親以外では、紹介状を書いてくれる人がなかなか見つからない恐れもあります。

ホームスクーリングは大胆な選択に見えるかもしれませんが、学校でいじめを受けている人や、つらい思いをしている人は、短期間でもホームスクーリングを選択してみる価値はあります。

一度始めたら、二度と変えられないというものではありません。学校で毎日つらい思いをしているくらいなら、心と身体の幸せにとっていちばん必要な選択をするべきです。

毒教師から逃れる

教師の中には、ふるまい方や学び方が他の子たちと違う生徒を嫌う人がいます。そういう先生はアプローチが画一的で、融通《ゆうずう》が利きません。したがって、感覚過敏の問題や不安や学習困難に対して柔軟な対応は期待できません。柔軟な対応をまるで特別扱いのように考えていて、他の生徒たちにとって不公平になるとでも思っているようです。

意識的か、そうでないかは別として、むしろ、そういう先生は、他の子がASDの子をからかったり、仲間外れにしたりするのを黙認するくらいです。

わたしはそういう先生を「毒教師」と呼んでいます。教育者としての道を外れ、生徒を困らせ、傷つけ、恥《はじ》をかかせ、軽視する先生に、残念ながら、わたしは何人も出会ってきました。

ある先生は、わたしが感覚過敏、失読症、協調性運動障害への配慮を何度求めても、頑《がん》として耳を貸しませんでした。それどころか、わざわざわたしを苦しめるような環境を次々とつくり出していったほどです。

手始めに、黒板が見えない席にわたしを座らせました。わたしが席替えを要請するメールを送っても、親を交えて何度か交渉しても、先生はなかなか聞き入れてくれませんでした。ようやく別の席への移動が許されたのは、数ヵ月後のことです。授業中、クラスメートの目の前でわたしを困らせ、恥をかかせるのが、その先生のお決まりでした。

さらには、授業の内容を突然変えて、わざわざ身体活動を加えることもよくありました（たとえば、椅子をもって教室の内外を走らせるとか、教室内でものを投げさせるとか）。突然の予定変更や騒々しい環境がわたしにとって大きなストレスになることを知っていながら、まったくおかまいなしでした。

さらに悪いことに、その先生はある種の心理操作を平気でおこなう人でもありました。わたしに、罪悪感を抱かせ、先生に軽蔑《けいべつ》されても当然だと思い込ませようとしたのです。他の生徒に対してはとても親切に接し、みんなから慕われている先生だっただけに、わたしは混乱するばかりでした。そんなわけで、みんなと違う扱いをされる原因は自分にあるのだと思いかけていました。

やがて先生の矛先《ほこさき》は、わたしの宿題やテストにまで向かい始めました。ある科目の授業内容にわたしがついていけていないと言って、その授業からわたしを外すように副校長に進言したほどです。先生の主張を怪しく思ったわたしの両親は、他校でその科目を教えている先生たちに宿題と答案を評価してもらうことにしました。

両親がセカンドオピニオンを求めたのは、学年初めの学校の予想では、わたしはA評価をとると思われていたからです。他校の先生たちは、例の毒教師がわたしの宿題と答案に実際より著《いちじる》しく低い点をつけ、評価を偽《いつわ》っていると結論づけました。

毒教師のD評価に対して、他校の先生たちはことごとくA＋をつけていました。わたしのエッセイと知識力の豊富さに驚いた、ある先生は、「一流大学」でその科目を専攻して、将来は職業に生かすべきだとまで言ってくれました。

わたしは自慢話をしているのではありません。こんなことを書くのは毒教師の実態を知ってほしいからです。毒教師というのは、真実をどれだけ歪《ゆが》めることになろうと、生徒の評価に自分勝手な脚色を加えるものなのです。

欺瞞《ぎまん》の深刻さに気づいたわたしの両親は、問題の教師を障害者差別で正式に訴えました。告訴に至ったのは、特別な教育ニーズをもつ生徒たちに、わたしと同じような苦しみ、悲しみを味わってほしくなかったからです。

毒教師が最悪なのは、生徒の自信や自尊心を破壊するからです。それどころか、自分の正気を疑うように仕向けることすらあります。わざわざ教職を選び、子どもや若者とかかわろうと決めた人間が、どうしてそこまで残酷で意地悪になれるのか、わたしにはさっぱりわかりません！

毒教師は生徒の心を蝕《むしば》むほどの破壊力をもつことさえあります。現にわたしはパニック発作に襲われるようになりました。毒教師の授業があると思っただけでパニックに陥り、その様子は夢の中にまで出てくるほどでした！

残念ながら、世の中には権力を乱用する人間がたくさんいて、あらゆるかたち、あらゆる規模のいじめを仕掛けてきます。そんな毒教師に出会ったとしても、けっして惑わされず、自信と自尊心を守ってください。自分らしく生きることで、大いに見返してやりましょう。

第13章　いじめの現実

耐えがたく傷ついた経験

わたしは学校生活のほとんどの期間、いじめ被害に遭ってきました。いじめ撲滅《ぼくめつ》運動を展開する慈善団体ディッチザレーベル（ラベルを捨てる）の2017年の調査によれば、ASDの生徒の75%がいじめを経験しています。だから、わたしは、この問題を包み隠さず、ありのままにお伝えしようと思います。

わたしにとって、クラスメートたちからばかにされ、不当に扱われ、いじめられ、仲間外れにされ、拒絶されたことほど、耐えがたく、深く傷ついた経験はありません。

いじめられた経験がある人なら、どれほど「おぞましい」思いをさせられるか知っているでしょう。いじめられた人は孤独を感じ、自分は愛されない人間だと思い込まされます。そして、自分を責めるようにさえなります。でも、悪いのはいじめられる側ではありません。いじめられて当然の人などどこにもいないのです。

いじめのかたち

いじめとは、個人や集団が、弱そうに見える特定の個人を繰り返し傷つけたり、脅《おど》したり、怖がらせたり、侮辱《ぶじょく》したりすることです。いじめにはさまざまなかたちがあります。

・悪口を言われる、侮辱される、ののしられる。
・からかわれる、ばかにされる、ばつの悪い思いをさせられる、こき下ろされる、恥《はじ》をかかされる。
・嘘《うそ》のうわさを言いふらされる。
・仲間外れにされる、無視される。
・持ち物を奪われる、壊される。
・脅される。
・つくり話をされてトラブルに巻き込まれる。
・押される、殴られる、蹴られる、つねられる、叩かれる、身体を傷つけられる。

学校は、いじめ被害を否定するか、単なる「誤解」と片づけることがよくあります。わたしもたびたび経験してきました。悪口や侮辱の被害を訴えても、10代特有の悪ふざけだと言って取り合ってくれない先生がいます。その種の先生は、いじめる側を問題視するより、いじめられる側を責めることに熱心です。

わたしがクラスメートたちに「変人」「サイコ」「奇人」などと呼ばれて傷ついていても、先生からは、深刻に受け止めるなとか、ASDだから冗談を大げさにとらえるのだろう、と言われる始末でした。

残念ながら、先生の非難の矛先《ほこさき》はたいていの場合、ASDの生徒側に向かってきます。やれ、神経質すぎるとか、やれ、ユーモアのセンスが足りないとか。でも、そんなお説教に耳を貸す必要はありません。間違っているのですから！

学校がいじめの訴えを、軽い悪ふざけ、冗談、単なる仲たがいとして片づけようとする場合には、次の4つのファクターを指摘しながら、いじめと悪ふざけはまったくの別物であることを知ってもらいましょう。

1　人に屈辱を与え、困らせ、傷つけることを意図したネガティブな行動が繰り返されている。

2　対等な力関係ではない（多くの場合、いじめる側がクラスメートたちから応援されているのに対して、いじめられる側は孤立していたり、ごく少数の味方しかいなかったりする）。

3　一方的におこなわれる。

4　いじめられる側は傷ついているが、いじめる側はそうではない。

「いじめっ子は自尊心が低い」とよく言われますが、ほんとうのところはどうでしょうか？　わたしの知る限り、今までに出会ったいじめっ子たちは、人気者の自信家で、むしろプライドの高い生徒ばかりでした。先生に気に入られている子も多く、大人や先生をだますことなどお手のもの。悪事を隠すために友だちに嘘をつかせるのも上手でした。先生の覚えもめでたく、クラスの人気者で、しかも、自分のために嘘をついてくれる友だちまでいるのですから、それはもう、無敵なのです。

いじめの口実

いじめっ子は弱そうな者を見つけ出すことに長《た》けています。ＡＳＤの子は独りでいることを好む場合が多く、クラスメートから孤立しがちなため、いじめられたとき、味方になってくれるような友だちがいません。一方、いじめっ子が目をつけるのは、みんなとどこかが違っていて、いじめても抵抗しそうにもない子です。

ＡＳＤの子は、いじめを受けると自分が悪いと考えたり、ＡＳＤのせいにしたりしがちですが、いじめっ子というのは、ＡＳＤに限らず、人と「違っていること」なら何でもいじめの口実にします。

たとえば、身長が高いことだったり、補聴器をつけていることだったり、頭がよいことだったり、あるいは、吃音《きつおん》、眼鏡、ニキビ、体重、愛用のバックパックから、生まれつきの顔のアザだったりします。つまり、ありとあらゆるものがいじめのターゲットになりうるのです。

わたしは、いじめを経験した何人もの若者に出会ってきましたが、そういう子たちに何か共通点があるとすれば、それは、親切で理解と思いやりがあるということだけです。わたしがこれまでに出会った中で最もすばらしいと思った人たちも、その多くはいじめの経験者です。

いじめは一気にエスカレートする

いじめに関して警戒すべきことの一つは、最初は他愛のない出来事でも、あっという間に虐待行為《ぎゃくたい》へと発展する恐れがあるということです。

わたしが以前通っていた学校に、矯正靴《きょうせいぐつ》をはいている女の子がいました。ある日、親友2人がその靴をかっこ悪いと言ってからかい始めると、たちまち、クラス中が「フランケンシュタイン靴」と言ってばかにするようになりました。最初はその女の子の悪口を言う程度でしたが、たちまち、小突《こづ》いたり、押したり、殴ったり、叩いたりが始まりました。

いじめがエスカレートしていく様子を見た2人の親友は、矯正靴の女の子と仲よしと思われたくないばかりに、その子を避けるようになりました。

女の子は、1年間、誰の誕生日にも呼ばれませんでした。話し相手も遊び相手もいないため、休み時間には本をもって校庭に出るようになりました。その子と遊びたいと思っている生徒もいましたが、誰も声をかけようとはしません。周囲の反応が心配だったからです。

クラスメートからの孤立、身体的な虐待、言葉による嫌がらせが続くうちに、その子は学校でパニック発作を起こし、不登校気味になりました。
その女の子は8歳のときのわたしです。

学校がいじめを助長している？

いじめを許さない学校に通っている人はとてもラッキーです。理想を言えば、どの学校であっても、いじめっ子にきちんと責任をとらせ、いじめ撲滅対策を徹底するべきですが、わたしが通った学校の中で、その理想を実践していたのは一校だけです。

ほんとうにすばらしい小学校でした。不寛容や不親切をいっさい放置しない学校でしたから、いじめられる心配がなく、当時のわたしは、毎日すがすがしい気持ちで通っていたものです。

でも、残念ながら、わたしの知る限り、そういう学校は例外中の例外です。現にいじめがあってもそれを否定して、むしろいじめ文化を助長するような学校が多いのです。

◎先生の現実

教師の多くはとても尊敬されています。もしかすると世間は教師も人間だということを忘れているのではないでしょうか。先生も人並みに間違うことがあります。偏見や先入観も抱きます。ときにはいじめに加担することさえあります。先生以外の職員もそうです。

実際、わたしは、権力をかさに着ていじめを煽《あお》るような残酷な先生や職員に出会ってきました。

授業中、特定の生徒をしょっちゅう軽くあしらい、その子をだしにして冗談を飛ばす先生がいます。そういう先生は、その子が悪口を言われていようと、侮辱されていようと、聞こえないふりをします。それどころか、いじめられる側を責めることさえします。周りに合わせる努力が足りないから、いじめを招くのだとしか考えません。

残念ながら、教師といえども、心が狭くて、不寛容な人間はいるのです。もし自分の学校にそういう先生がいたら、何としてでも避けましょう。

◎責められるべきは誰なのか

責められるべきは、けっして、いじめられる側ではありません。ところが、学校は非難の矛先《ほこさき》を変えてくることがよくあります。いじめる側の行動改善や寛容な学校づくりに重点を置くよりも、いじめられる側を責めようとするのです。

わたしも、周囲に「合わせる」努力が足りないからいじめられるのだ、と言われたことがあります。その種の先生たちは、争点をずらして、さもこちらが間違っているかのように見せたがります。いじめの被害者側を責め、障害を隠すように求める（つまり、「ふつう」のふりをするように求める）学校は、周囲と違う生徒がいじめのターゲットになりやすい環境をわざわざつくり出しているようなものです。

もし学校から、いじめられる原因は自分にあると言われたら、きちんと指摘してあげるべきです。

学校が取り組むべきなのは、いじめられる生徒を変えようとすることではありません。受容と寛容をベースとした環境づくりと、いじめる側の責任追及に重きを置くべきなのです。

◎和解のための話し合いとは名ばかり

学校によっては、いじめの加害者と被害者を同等に扱い、双方を「和解のための話し合い」に出席させるという方針を非公式ながらとっているところがあります。

わたしもある学校で、その種の話し合いに出席するよう強く求められたことがあります。でも、いじめっ子と同席するなんて、怖くてできるものではありません。両親とわたしは、ASDの生徒にとって不適切なやり方だと訴えましたが、学校は聞く耳をもちませんでした。

和解のための話し合いは、当事者双方が同じソーシャルスキルやコミュニケーションスキルをもち、どちらも自分の意見をきちんと表明したり弁護したりする能力があることを前提にしています。でも、ASDはコミュニケーションと人とのかかわり合いが困難な障害です。学校は、まさに、そのない能力をもとに、ASDの生徒に何とかしろと求めているのです。目の見えない人にものを見るように言ったり、車椅子の人を歩かせようとしたりするのと、どこが違うのでしょう。

ASDの生徒はコンディションのいい日でさえコミュニケーションが困難です。不安や恐怖でいっぱいのASDの生徒にいじめっ子と同席させ、自分の意見を述べるよう強要すること、相手の嘘やごまかしに反論するように求めることは、むしろ「シャットダウン（自分の殻に閉じこもること)」状態を招く行為です。

このシャットダウンは、ＡＳＤの子にとって、ストレスが限界に達したときに身を守るための最終手段なのです。

もし学校がいじめっ子たちとの話し合いに同席するように主張するばかりで、こちらの訴えを聞かずにいるとしたら、その種の強要は差別行為に当たると伝えてください。学校がやろうとしていることは、ＡＳＤの生徒を不利な状況に追いやろうとしていることに他なりません。

記録しておく

学校がいじめの存在を否定することは珍しくありません。その場合、学校側が否定できないほど詳細を伝えられるかどうかが重要ですが、ＡＳＤの子にとってはそこが問題です。なぜなら、出来事を時系列で説明するのが得意ではないからです。それに、ものごとの全体像をとらえるのも不得意です。特定の部分にこだわって、全体が見えなくなることがよくあります。

たとえば、いじめっ子に悪口を言われ、蹴飛ばされ、教科書をトイレに投げ込まれたとしても、わたしの口を最初について出るのは、おそらく、蹴られたことだけです(いちばん痛い思いをさせられたことだからです)。悪口や教科書の一件を明かすのは、だいぶ時間が経ってからでしょう。でも、その頃には、すでにいじめの調査がおこなわれ、一応の決着がついていたりします。

ＡＳＤのものごとの感じ方やそれに対する応答の仕方が違うということを、定型発達の人たちは理解していません。ＡＳＤの子は、自分の経験を消化し、表現できるようになるまでにかなり多くの時間を要します。コミュニケーションが不得意なため、いじめの経験をうまく説明できなかったり、とくに不安やストレスのせいで自分を表現することができなかったりします。

わたしは、いじめを詳細に報告できるようになるためには、出来事があるたびに、記録をとっておくのがいちばん効果的だということを学びました。文章でなら、自分の考えや感情をじっくり把握する時間があります。次のようなフォーマットをつくっておくといいでしょう。

・いじめを受けた日時と場所。
・いじめにかかわっていた人の名前。
・目撃者の名前。
・いじめっ子が言った言葉（中傷や脅しなど）。
・いじめっ子があなたに対しておこなったこと。
・それ以前にもいじめがあったかどうか。
・いじめを受けたときの気持ち。
・今現在、出ている影響。

出来事は起きた順番に書いてください。校内の地図をつくって、いじめを受けた場所に印をつけてもいいでしょう（いじめを受けやすい場所、いじめの「ホットスポット」が見えてきます）。こういう記録をつけておくと、何が起きたかを第三者に理解してもらいやすくなります。それに極度の不安や恐怖に襲われたとき、無理に人と向き合ってコミュニケーションをとる必要もなくなります。

わたしは、いじめっ子たちがいる前で、学校側から根掘り葉掘り事情を聞かれたことがあります。でも当のいじめっ子たちは「何もしていない」の一点張りでした。わたしは反論が得意な人間ではありません。そもそも、いじめのターゲットにされるだけでも、すでに十分に苦痛なのです。そのうえ、嘘泣きしたり、反省を装ったりしているいじめっ子たちの前で、学校から尋問《じんもん》されるなんてひどすぎます。

不安や苦痛に耐え切れなくなったとき、わたしは、たいてい自分の殻（頭の中）に引きこもります。でも、残念ながら、この「シャットダウン」は学校側に誤解されやすいのも事実です。シャットダウン時のわたしは、平然としていて、どこか上《うわ》の空で無口な人間にしか見えません。そのため、腹を立てていないとか、傷ついていないと勘違いされ、学校側の対応が不十分になることがよくあります。

信じられないかもしれませんが、学校がいじめっ子たちを気の毒がり、慰める場合すらありました。それくらいいじめっ子たちは「だまし」上手な演技派だったのです！　後になって、その子たちは、学校をまんまと引っかけてやったと笑い合っていました。

いじめに遭ったときの対処法

いじめに遭ったときに試してほしい対処法があります。次に挙げる10の方法はきっと役に立つと思います。

1　相手を無視する――いじめっ子の言葉が聞こえないふりをします。どんなに挑発的なことを言われても、惑わされず、怒らないようにしてください。こんなときは、自分が大きな泡に包まれているところを想像しましょう。相手の言葉は、泡にはじき返されて入ってきません。たいていは、そんなふうに相手の意地悪な言動に応答せず、反応せずにいることが、最も効果的ないじめの対処法になります。

いじめっ子はこちらのリアクションを期待しています。こちらが腹を立てたり、泣いたりすれば、相手の思うつぼです。だから、無視してやりましょう。そうすれば、相手は期待した反応が返ってこないとわかって、そのうち、いじめをやめるはずです。

2　やめるように言う――たいていのいじめっ子はまさか言い返されるとは思っていません。いじめっ子がターゲットにするのは、ちょっと脅せば縮み上がりそうなクラスメートです。たいていのいじめは、相手が言い返してこなかったり、我慢したりするから成立します。だから、もし可能であれば、いじめっ子に対して、強く、はっきりした声でやめるように言ってやりましょう。簡単におじけづくような人間ではないことが伝わって、いじめっ子はやめるはずです。

3　黙ったまま我慢しない――いじめられている子の多くは、そのことを誰にも話しません。何も言わずにいる理由はさまざまでしょう。自分に非があると思い込んでいたり、いじめっ子に仕返しされるのが怖かったり、誰にも信じてもらえずに決まりの悪い思いをするのが嫌だったり。でも、いじめを止めるための最善策は報告することです。大人の介入がない限り、いじめは止まりません。むしろエスカレートすることすらあります。

たいへんな勇気が必要ですが、いじめに対処するには、大人に知らせることが最も有効な方法です。親か、信頼できる先生か、それ以外の責任者に相談しましょう。黙って我慢し続けるのも、独《ひと》りで耐えるしかないと思い込んだままでいるのも、絶対やめてください。そんな必要はないのですから。

4　いじめのホットスポットに行かない――わたしの経験では、いじめが起きやすいのは、自由時間だったり、監視の目が行き届かない場所だったりします。たとえば、カフェテリア、共有エリア、廊下、トイレ、階段、校庭、更衣室、スクールバスなどがそうです。いじめっ子とすれ違いそうな場所にはなるべく行かないようにしましょう。

わたしは、先生の監督が及ばない時間帯、たとえば、昼休みなどには、図書室か保健室に行くようにしていました（校内で安心できるのはその2ヵ所だけでした）。ホットスポットに行かなければならない場合は、できるだけ誰かといっしょに行くようにしてください。

5　自分のせいだと思わない――いじめられると自分を責めたくなるものです。とくに、何度もいじめが繰り返されていると、自分が悪いのだと思い込みがちです。意地悪をされるのは自分に非があるからではないかと疑い始め、そのうち、ほんとうにそう信じ込んだりします。

わたしは、いじめが原因で3度も転校を余儀なくされました。いじめを受けているうちに、自分のせいだと思い込み、不当な扱いに甘んじるようになってしまったのです。でも、いじめられる側が悪いなどということはけっしてありません。外見、文化的背景、セクシャリティ、人種、宗教が人と違っていようと何だろうと、いじめられて当然な人などいないのです。

6　憧《あこが》れの人を見つける――いじめられていた頃のわたしは、同じような体験をした著名人の体験談を読んでは、勇気づけられたものです。たとえば、大好きな女優のジェニファー・ローレンスもひどいいじめが原因で、何度か転校しています。歌手のテイラー・スウィフトはカントリーミュージックが好きなことを理由にいじめられていたし、バルバドス出身の歌手で女優のリアーナは、肌の色を理由にいじめられていました。だから、いじめを受けているのは自分だけだと思わないでください。

インターネットでちょっと検索してみれば、お気に入りのミュージシャンや俳優や著名人の中に、いじめの経験者がいることに気づくでしょう。同じような困難を乗り越えてきた人たちがたくさんいます。それに、最後に笑うのが誰なのかもわかるはずです。

かつてケイト・ミドルトン（現キャサリン妃）をいじめていた意地悪な女の子たちは、今頃、どんな気持ちでいるでしょう。将来のイギリス王妃をいじめ倒して転校に追いやったことを、さぞかし悔やんでいるのではないでしょうか。

7　趣味に没頭する――放課後に楽しめる趣味を見つけてください。スポーツをする、アートや料理の教室に通う、読書クラブに入る、といった方法があります。そういう活動は楽しいのはもちろんのこと、学校以外の場所で人と出会い、仲よくなる機会にもなります。

8　いじめ撲滅に取り組む組織を頼りにする――いじめ撲滅運動を展開している慈善団体がたくさんあります。ウェブサイトを訪れて、オンライン資料を読んでみましょう。いじめ被害に遭っている若者たちの体験談には、大いに勇気づけられるものがあります。わたしも自分が独りではないと感じられました。慈善団体の中には電話相談を受けつけているところもあります。

9　転校を考える――ときには抵抗しても無駄な場合もあります。学校がいじめの存在をかたくなに否定したり、こちらを責めたりして、いじめを放置している場合がそうです。生徒たちの雰囲気を決めるのは結局のところ学校なのです。

弱い立場の生徒が不当に扱われても黙認しているような学校では、いじめられている側がサポートを受けられ、自分らしく生きられるような環境は期待できません。気が滅入るとしても、転校を検討してみるべきです。いじめのない環境で楽しい学校生活を送る権利を行使してください。

10　障害者に対するヘイトクライム（憎悪犯罪）を疑ってみる――ある種のいじめは犯罪に当たります。ＡＳＤを理由にいじめられているとすれば、それは障害者に対するヘイトクライムに相当する場合があります。蔑称《べっしょう》で呼ばれたり、脅されたり、身体的な虐待を受けている人は、障害者に対するヘイトクライムとして警察に通報すべきかもしれません。親に相談してみてください。

ポジティブなボディランゲージの練習

人と人のコミュニケーションの大部分は言語によらないということを知っていますか？　人は、相手のボディランゲージから、その人の内面の多くを読み取っています。身体の動き、顔の表情、声の調子などのボディランゲージは、口から発せられる言葉以上に雄弁なのです。

ＡＳＤの人はそもそもコミュニケーションが苦手ですから、ボディランゲージもうまく使えません。また、自分のボディランゲージが相手にどう受け止められるかに気づかない場合さえあります。たとえば、登校時に目立ちたくないばかりに、うつむき加減でそそくさと駆け込んでいくとしたら、むしろ、そういうふるまいは目を引くので逆効果です。他の子たちの目にはきっと臆病な弱虫に映るでしょう。

それとは反対に、顔を上げて、堂々と歩いていけば、自信がみなぎっているように見えます。たとえ内心は自信たっぷりでなくても、確実にそういう印象を与えることができます。

いじめっ子は、相手のボディランゲージから自信のなさを見抜きます。自分を（内心はともかく）「凛《りん》として」断固たる人間に見せるための方法をいくつか挙げておきます。

・背筋を伸ばす。
・うつむかない。
・目的をもって歩く。
・深呼吸して、肩の力を抜く。
・腕組みをしない、そわそわしない。
・アイコンタクトをとる（相手がいじめっ子の場合は、額《ひたい》か、目と目の間を見る）。
・明るい声で話す。

◎自信を印象づける練習

堂々とした印象を人に与えられるようになると、いじめに遭うリスクが減ります。とはいえ、ボディランゲージが不得意な場合は、練習が必要です。最初のうちは、ポジティブなボディランゲージに違和感を覚えて、うまくできないかもしれません。でも、練習と実践を積めば、やがて大きな効果が得られます。クラスメートの見る目や扱いががらりと変わるでしょう。

ポジティブなボディランゲージを身につけるための方法をいくつか紹介しますので、家族や信頼できる友だちを相手に練習してみてください。

＊ロールプレイング——誰かとペアを組んで、典型的ないじめの場面を再現します。ペアの相手にいじめっ子の役をやってもらいましょう。いじめっ子が言いそうなことを話し合って、そのときの対応を決めておきます。堂々とした対応がとれるように練習しましょう。たとえば、相手を無視する、相手にやめるように言う、などです。さらに、いじめっ子から何か反応が返ってきたときの対応も決めて、練習するといいでしょう。

＊ミラーワーク——全身が映る鏡の前に立って、自分の姿をチェックします。猫背になっていませんか？　腕組みしていませんか？　唇をかみしめていたり、顔をそむけていたりしませんか？　鏡の前で、先ほどのポジティブなボディランゲージを練習してください。自信がついてきたら（あるいは、全身が映る鏡がない場合は）、家族や信頼できる友人を相手に練習してみましょう。相変わら

ずびくついて見えるか、それとも自信ありげに見えるか、判定してもらってください。

＊アイコンタクト――ＡＳＤの子はたいていアイコンタクトが苦手ですが、中には苦痛を感じる子さえいます。でも、定型発達の人たちは、向き合った相手にアイコンタクトを期待するのが普通です。アイコンタクトをとらない人は、嘘をついているように見えたり、極度の恥《は》ずかしがりに見えたりします。堂々とした印象を与えるためには、アイコンタクトは欠かせません。目の前にいるのがいじめっ子の場合は気が遠くなりそうですが、相手の眉間《みけん》に視線を置くのがコツです。そうすると、目を合わせずに、アイコンタクトを印象づけることができます。

ポジティブなボディランゲージを身につけるには練習が必要です。でも、努力はかならず報われます。あきらめずに取り組んでいきましょう。

ほんとうに友だち？

ある人がほんとうの友だちか、そうでないかは、どうすればわかるのでしょう？　10代のＡＳＤ女子は、相手のふるまい、ボディランゲージ、顔の表情から、その人が何を考え、何を感じているかを推し量《はか》ることが苦手です。だから相手の意図を汲《く》み取れずに苦労します。また、友情を額面どおりに受け取り、人を信用しやすい傾向があるため、悪意を隠している相手につけ込まれやすいのも事実です。

そのため、ASD女子は「遠回しのいじめ」のターゲットにされることがよくあります。たとえば、「友人」のふりをして近づいてきた人が、じつは、こちらを悪事に誘い込もうとしていたり、ばかげたことや不適切なことをさせてからかおうとしていたりする場合があります。

12歳のとき、わたしもそんな経験をしました。友人を自称する女子グループから、クリスマスの学校行事（ダンスパーティー）にパンダの着ぐるみを着てくるように言われたときのことです。その子たちもそれぞれ動物の着ぐるみを着ていくと言うので、わたしはすっかり信じ込んでいました。でも、母に説得されて、最終的にパーティードレスを着ていったのは正解でした。

学校に着くと、なんと、みんなもパーティードレスで来ていたのです。しかも、パンダ姿でないわたしを見て、がっかりしています。その瞬間、ピンと来ました。女の子たちはわたしを引っかけようとしていたのです。残念ながら、ASD女子は、ほんとうに仲よくしようとしている相手と、こちらを「だまそう」としている相手の区別がつきません。そのため、クラスメートにとんでもないことをさせられてトラブルに巻き込まれ、笑い者になる子がいます。

覚えておきましょう。ほんとうの友だちなら、こちらに恥をかかせたり、傷つけたりはしません。それに、やりたくないことを無理強《じ》いしたりもしないでしょう。

いじめで心身がボロボロになったとき

いじめ行為は被害者の人生を大きく狂わせます。わたしも、ひどいいじめが原因で心身ともにボロボロになった時期がありました。前々からわたしを「精神病院送りにしてやる」と脅していた男子2人が、数ヵ月かけて着々と計画を実行に移していったときのことです。

2人は、わたしが自殺しようとしているという嘘の報告を学校に上げたり、わたしを精神的におかしく見せるためのデマを次々に流したりしました。

ある日、2人が拡散した根も葉もないうわさのせいで、わたしはまったくの目立たない存在から、一夜にして、話題の人になってしまいました。

2人はたいへんな人気者でしたから、大勢の仲間たちがいじめとその隠蔽《いんぺい》に加担しました。クラスメートからのメールで、わたしは、2人がわたしのASDや学習アプローチの違いについてさまざまに言いふらしていることを知っていましたが、学校側は、どちらも非常に「優《やさ》しい少年」だから、いじめなどありえないと言います。

一方、わたしはというと、ありもしないいじめ被害をでっちあげて「難癖をつける」人間とみなされ、現実と妄想の区別がつかないパラノイアのレッテルを貼られる始末でした。

エスカレートするばかりのいじめに、わたしは両親といっしょに抗議しましたが、そのたびに「受け取り方の問題」で片づけられてしまいます。つまり、わたしの誇大妄想《こだいもうそう》だと言うのです。

やがて、学校に行くのがつらすぎて、胃けいれん、激しい頭痛、不眠、食欲不振、パニック発作が始まりました。学校にいる間は不安と恐怖に支配され、自由時間は図書室か保健室に逃げ込まずにいられません。

それまでクラスでトップの成績を収めていたというのに、気づけば、何週間も欠席するようになっていました。こうして無力感と絶望の淵に突き落とされたわたしは、ついに転校せざるを得なくなったのです。

わたしと同じつらさを味わったことがある人、今まさに味わっている人はたくさんいるでしょう。でも、絶望しないでください。いじめのせいで同じ気持ちを味わってきた人たちは大勢います。重要なのは、今の場所から前進できるように、信頼のおける誰かに相談することです。

カウンセリングなどの専門家に、トラウマの克服を手伝ってもらうのもいいでしょう。

いじめのせいで始まったわたしのうつ症状は、有害な環境から脱出した途端、嘘のように消えていきました。

とはいえ、一連の経験でわたしが心に傷を負ったのはたしかです。心的外傷後ストレス障害（PTSD）のカウンセリングを受けなければならないほどの深手となりました。わたしと両親は、他の誰にも同じ道をたどってほしくないという強い思いから、障害者差別の事案として、学校を相手どって裁判を起こしました。

いじめとそれに対する学校の対応にわたしは深く傷つきました。その傷はいつまでも消えないかもしれません。でも、一連の経験を乗り越え、今、こうして生きているのですから、この先、何があっても乗り越えていける自信がつきました。

性的ハラスメントには

多くの女子が被害に遭う、別のタイプのいじめがあります。それは性的ハラスメントです。性的ハラスメント被害は学校では珍しいことではありません。「**性的ハラスメント**」とは、相手を気まずくさせたり、不利な状況に置いたり、辱《はずかし》めたり、攻撃したりすることを目的とした、性的性質の不愉快な言葉や行為と定義されますが、実際の被害のかたちはさまざまです。たとえば、性的なコメントや冗談やからかいのターゲットにされる、性的なうわさを流される、性的な写真や卑猥《ひわい》な写真を見せられる、身体のどこかを触られたり、つかまれたり、つままれたりする、といったことが性的ハラスメントに当たります。

わたしは11歳のとき、ある女子グループにいじめのターゲットにされました。わたしが流行《はや》りのファッションをとり入れず、メイクもせず、男子に興味を示さないことが理由でした。ほどなくして、その子たちがわたしを「レズボー」とか「ダイク」(訳注:どちらも女性の同性愛者に対する蔑称)とか呼んで、わたしが女子好きだといううわさを流し始めると、他の女の子たちまでがわたしを避けるようになりました。わたしは傷ついて混乱しました。なぜそういう呼び名を悪口として使うのかも、なぜ外見だけで勝手な憶測をするのかも、まったく理解できませんでした。

成長するにつれて、男子たちのふるまいに閉口させられる場面も多くなりました。悲しいことですが、学校では女性蔑視発言を耳にしない日はほとんどありません。教室で男子たちは、大っぴらに女子の身体を話題にし、自分の経験談を語り合っています。そのうえ、ポルノについて話したり、人目もはばからずノートパソコンで観賞したりしているのです。

わたしはそういうふるまいをなるべく無視しようと努めていますが、予想外に、後味の悪さが残る場合もあります。とくに、その種のことは笑い飛ばせとか、「気持ちの切り替え」が重要だとか言われるほど、不愉快になります。

目の前で現実に性的ハラスメントに当たることが起きている場合でさえ、女子たちは、「男子だから仕方がない」とか、他愛のない悪ふざけだから大目に見なければならないといった、プレッシャーをかけられることがよくあります。

もし自分が性的なコメント、冗談、からかい、うわさのターゲットにされたら、信頼できる先生に報告するか、親に相談するべきです。性的ハラスメントが学校で横行している理由の一つは、ほとんどの女子が被害を受けても報告せずにいることにあります。性的ハラスメントをこれ以上許さないため、わたしたち10代女子が声を上げていきましょう！

自信、自尊心を取り戻す

いじめを受けると、自信と自尊心が木《こ》っ端《ぱ》みじんにされます。トラウマを克服するのは簡単ではありません。自分自身を取り戻すまでには時間がかかります。

こういう場合に有効なのは、みずからの経験を他のいじめ被害者のために役立てるというアプローチです。地元でいじめ撲滅運動を展開している慈善団体や組織に参加してみるといいでしょう。

わたしの場合も、インターネットで最寄りの団体を調べ、協力の方法をメールで問い合わせたことがきっかけでした。２０１８年には、いじめ撲滅運動に携《たずさ》わる全国の若者を代表してダイアナアワードを受賞するまでになり、その受賞を励みに、ＡＳＤを理由にいじめられた経験をシェアして、他の人たちをサポートする活動を本格化させました。この活動を通じて、自分と同じようないじめの経験者や、撲滅のために立ち上がった思いやりあふれる若者たちと出会うことにもなりました。

他者に手を差し伸べる方法はたくさんあります。いじめ撲滅団体でボランティアをする、学校にピアサポートグループ（生徒同士の助け合いグループ）をつくる、いじめ撲滅週間にゲストブログを投稿する、などが可能です。

自分の経験を人助けに役立てていると、やがて自分の人生を取り戻すことにもつながります。どうか知っておいてください。たとえ、今は人生がめちゃくちゃにされたように感じていても、一生、そのままでいるなどということはありえません。

少しずつ人生を取り戻していきましょう。自分らしく生きられる日はかならずやってきます。

第14章　合併症について知っておく

なるべく早く確認する

ＡＳＤの人の大部分は、ＡＳＤ以外の病気や症状を一つかそれ以上抱えています。たとえば、トゥレット症候群（訳注：自分の意に反して突然、身体が動いたり、奇声を発したりする神経の病気。チック症とも呼ばれる。近年では、世界的人気アーティスト、ビリー・アイリッシュも患《わずら》っていることを公表して注目された）や、てんかんなどがそうですが、これらは合併症と呼ばれています。

ＡＳＤと診断された生徒がいたら、学校側は、当然、その子には合併症もあると考えて、学校生活に支障が出ないように配慮しなければなりません。ところが、ＡＳＤと合併症を関連づけて考えられない学校が山ほどあり、当の生徒の多くが肝心なときに必要なサポートを得られずに苦労しています。

その種の苦労をしなくて済むように、この章で述べる一般的な合併症が自分に当てはまらないかどうか考えてみてください。

わたしの場合、ＡＳＤ以外に、注意欠陥多動性障害（ＡＤＨＤ）、不安症、失読症、協調性運動障害、関節過可動性があります。それぞれが単独でも特有の困難を突きつけてくるというのに、わたしの場合、複数が組み合わさっているのですから、直面する困難は異次元のものと言ってもいいでしょう！

ＡＳＤと診断されたら、合併症についてもなるべく早く確認すべきです。そして、必要なサポートと理解を得ましょう。

ＡＳＤ女子の注意欠陥多動性障害（ＡＤＨＤ）

多くの人がいまだにＡＤＨＤは男子の病気だと思っています。ＡＤＨＤというと、じっとしていられずに衝動的に動き回る男の子をイメージするようです。でも、女子にもＡＤＨＤはいます。

ただし、女子には「**注意欠如型ＡＤＨＤ**（注意欠如障害またはＡＤＤ）」（ものごとに集中したり、注意を向けたりすることに困難を伴うＡＤＨＤ）が多く、男子には「**多動衝動型ＡＤＨＤ**」（非常にエネルギッシュで、じっとしていられないタイプのＡＤＨＤ）が多いという違いがあります。

女子のＡＤＨＤには注意散漫で夢見がちな傾向があります。でも、そうした症状は微妙なものだけに、障害としては気づかれにくいのも事実です。わたしもＡＤＨＤと診断されたのは15歳のときでした。それまでは、先生たちに「やけにボーッとしている生徒」と思われ、「夢想家」「上《うわ》の空」「怠惰《たいだ》」「やる気なし」と評価されていました。

でも、ほんとうはそのどれでもなく、ＡＤＨＤだったのです。診断が下ってからは、自分自身に焦ったり、失望したりしなくなりました。ＡＤＨＤと判明したことで、症状の管理に必要な対策がわかったからです。

◎女子のＡＤＨＤの兆候

女子のＡＤＨＤに最もよく見られる兆候をいくつか挙げておきます。

- ものごとに注意を向け、集中し続けることが困難。
- すぐに気が散る。
- 空想にふけって、気がつくと自分の小さな世界にはまり込んでいることが多い。
- 一つのことから別のことへ注意を移すのが不得意。
- 宿題など、やらなければならないタスクをなかなか終わらせることができない。
- うっかりミスが多い。
- 時間の管理が不得意。
- 恥《は》ずかしがりで内気に見られる。
- すぐに動揺して泣き出す。
- 整理整頓ができない。
- 忘れっぽい。

これらの兆候のどれかが自分にも当てはまる人は、ＡＤＨＤの専門家に診《み》てもらうとよいでしょう。また、解決策になるとは限りませんが、ＡＤＨＤ治療薬を服用するという手もあります。

わたしの場合は治療薬のおかげで集中力と注意力がかなり改善されました。集中力を失いやすかった頃は、本の同じページを何度も読み返さないと情報が頭に入ってきませんでした。なかなか宿題を終わらせられなかったのも、そのせいです。

ＡＤＨＤ治療薬を飲むようになってからは、世界が一変しました。今は、以前より格段に勉強がはかどります。

◎学校に求めるべき対応

ＡＤＨＤの生徒にとって教室はかなりハードルの高い環境です。でも、学校や先生のサポートが得られれば、そうした環境も今より快適にすることができます。

いちばん手っ取り早い方法は、落ち着けそうなエリアに席を移動させてもらうことです。出入口や窓の近くの席、にぎやかな生徒のそばの席は避けたほうがいいかもしれません。

また、身体を動かすと集中力とパフォーマンスが上がるという事情を先生に説明するのもいいでしょう。授業中でも他の生徒の邪魔にならない範囲で、ちょっとだけ身体を動かす時間を許可してもらうのです。たとえば、スクイーズボール（訳注：もちもちとした感触のボール）を握ったり、粘士をこねたりすると、ストレス発散につながります。

試験で実力を発揮できていない場合は、気を散らすものがない静かな部屋で受けたいと相談してみましょう。そこでなら、他の生徒に迷惑をかけずに動き回ることもできます。

ＡＤＨＤに伴う困難や苦労に対処するうえで最も重要なのは、先生に正直に打ち明けて、サポートを求めることです。教室という制約だらけの環境はＡＤＨＤにとって確かに楽なものではありません。

その一方で、こんな事実があることも覚えておいてください。有名な俳優やミュージシャンのように大きな成功を収めた人たちの中には、ＡＤＨＤだからこそ成功できたと感じている人が多い、ということです。環境が適切であれば、ＡＤＨＤは特殊能力となり、武器になるでしょう。

不安症

不安症はＡＳＤの子によく見られる症状です。不安は日常生活に多大な影響を及ぼします。学校にいるときに不安に襲われると、ほとんど手に負えなくなる場合さえあります。具体的な症状は人それぞれですが、学校生活で不安の引き金になるものには、いくつかの共通点があります。

不安の引き金

一般的に不安の引き金には、次のような特徴があります。

・不確実で変わりやすい状況。
・過剰な感覚刺激（たとえば、騒がしくて混み合っている廊下）。
・人とかかわる場面。
・何かを期待されたり、プレッシャーをかけられたり、要求されたりするとき。
・特定の状況に向かうとき（たとえば、体育の授業のために着替えなければならないとき）。
・特定の恐怖（たとえば、授業中に当てられたとき、いじめられたとき）。

◎不安の身体症状

不安に襲われると身体に変化があらわれます。たとえば、心拍数が上がる、呼吸が乱れる、そわそわしたり苦しくなったりする、震える、汗が出る、気持ち悪くなる、などです。

また、ふるまいにも影響が出てきます。メルトダウン（突発的なかんしゃく）を起こし、感情を爆発させ、駄々《だだ》をこねる子もいれば、自分を落ち着かせようとして、いつもどおりのやり方に固執する子もいます。わたしは不安が強くなるほど、ものごとをスケジュールやルーティンどおりに進めることにこだわります。

厄介《やっかい》なことに、不安は、コントロール不能の恐怖やパニックにもつながります。しかも、そんな状態に陥《おちい》ったときでさえ、ＡＳＤの子の多くは助けを求めることを好みません。一日中、黙って耐えに耐え、やっと家にたどり着いたときには、もう限界ということもあります。学校にいる間にコントロール不能なほどの不安にしょっちゅう襲われる人は、先生に相談してください。学校のサポートを得ながら、自分に合った対策を工夫しましょう。

学校に求めるべき対応

学校で不安を抑えるための対策には、次のようなものが挙げられます。

- 授業中、音読や黒板での発表を免除してもらう。
- 座席は、出入口の近くや教室の前方、先生の机のそばにしてもらう。
- 集会では会場の後方の席を割り当ててもらう。
- 不安を感じたときにサポートしてもらう先生やスタッフを一人決めておく。
- プレゼンテーションはクラス全員に向けてではなく、先生の前だけでさせてもらう。
- プレッシャーと注意散漫を避けるため、みんなとは別の静かな部屋で試験を受けさせてもらう。
- 授業中でも、必要に応じて「タイムアウト（小休止）」カードを提示できるようにしてもらう。「タイムアウト」をもらったら、たとえば、廊下を歩く、水を飲みに行く、気持ちを落ち着かせるため、教室の外でしばらくの間、スマホのマインドフルネスアプリなどを使う（訳注：マインドフルネスは、今、この瞬間に意識を向けるための瞑想法《めいそうほう》）。

・昼休みなどの長い自由時間に入るとき、環境の変化に順応するまでサポートしてくれる友だちとペアを組ませてもらう。
・校外学習には、よく知っている大人か生徒を同じグループに入れてもらう。
・病欠の後は、すみやかに復帰できるようサポートしてもらう。たとえば、休んでいた間の授業のノートを写させてもらう、など。

サポートプランを整えておけば、学校生活で起きる不安症状とうまくつきあえるようになります。

失読症

失読症は、文字どおり、ものを読む能力にかかわる学習障害の一つです。失読症の子は書かれたものをすらすらと正確に読むことが苦手です。また、書かれた意味を理解したり、文字を正しくつづったり、文章を書いたりすることが難しい場合もあります。

失読症のあらわれ方や程度には個人差がありますが、単語を解読できないことは失読症の一つの兆候です。単語の解読能力とは、文字と発音を一致させ、そのスキルを使って単語を流暢《りゅうちょう》かつ正確に読む能力のことです。

わたしが失読症と診断されたのは10歳のときです。それ以前に兆候がなかったわけではありません。しょっちゅう、文字や数字を反対向きや逆さに書いたり、音読のとき単語を飛ばしたり、よく使う単語のつづりを間違えたりしていました。

それでも、読むことができていたので、先生たちに失読症のわけがないと言われ、「怠《なま》け者」「うっかり者」のレッテルを貼られていました。でも、とんだ見立て違いでした。やがて、ある英語の先生との出会いがきっかけで、単語のつづり間違いや音読の苦労が失読症によるものと判明したのです。

失読症の一般的な特徴

次のような兆候を示す人は失読症かもしれません。

- 音読中に単語を飛ばすことがよくある。
- 比較的簡単な単語でさえも、しょっちゅうつづりを間違える。
- 文字や数字を反対向きに書くことが多い（たとえば、「9」を「6」と書いたり、「d」を「b」と書いたりする）。
- 文章や段落を何度も読み返さないと理解できない。
- 話す能力に比べて、読み書きの能力が低い。
- 作文、手紙、レポートをまとめたり、書いたりするのが苦手。
- 書いたものを管理することや、自分の知識を文章で表現することに苦労する。

・読み書きを伴う場面は、できるだけ避けようとする。
・ノートをとったり、黒板の内容を正確に書き写したりするのが苦手。

覚えておきましょう。失読症は学習に影響を及ぼしますが、知能には影響しません。失読症の子もそうでない子も賢さに差はないということです。むしろ、多くの人たちが失読症をギフト（生まれつきの才能）と見なしています。

失読症の人は、豊かな創造性と想像力を備え、革新的で、型にはまらない考え方ができることで知られています。仕事で成功している人も大勢いて、アメリカの起業家の35％までが失読症だと考えられています。ＮＡＳＡの科学者に至っては、50％以上が失読症と言われます。

先ほど挙げた兆候のいくつかが見られる人は、専門家に診てもらうといいでしょう。

◎学校に求めるべき対応

失読症の診断が下ったおかげで、わたしは、それまで四苦八苦していた領域で、ようやくサポートが得られるようになりました。失読症の人は、今より楽に毎日を過ごせるように、学校に次のような対応を要請してみてください。

・授業中の音読を免除してもらう。

・つづりの間違いは減点の対象外にしてもらう（つづりと学習内容の理解は評価を分けてもらう）。
・指示は口頭、または、シンプルな文章でおこなってもらう。
・授業の概要やノートの写しを提供してもらう。
・生徒間で互いの作品や答案を評価し合うのをやめさせてもらう（わたしは、これが横行していたとき、とても恐ろしい思いをしました）。
・黒板からノートに書き写さなければならない情報の量を最小限に抑えてもらう（失読症の子は書き写しの間違いが多い）。
・宿題の指示は、ハードコピー（パソコンでつくってプリントアウトしたもの）でもらう。

失読症の程度によっては、テストの時間を延長してもらってもいいかもしれません。

協調性運動障害

ＡＳＤの子は一般的に不器用ですが、運動能力に極端な影響が見られる場合は、「**協調性運動障害**」と診断されます。

協調性運動障害（発達性協調運動障害〈ＤＣＤ〉、または運動協調障害とも呼ばれます）は神経発達障害の一つで、微細運動能力、粗大運動能力、運動プランニング（動きやタスクの適切な順番を見きわめ、そのとおりに遂行する能力）に影響を及ぼします。

わたしが診断されたのは8歳のときです。しょっちゅうものを落としたり、ぶつかったりして、絶望的なほど不器用な子どもでした。何度ものを壊して、叱られたかわかりません。「食器売り場の暴れ牛（乱暴者）」と言われるほどでした。

そのうえ、つまずいたり、転んだり、階段を踏み外したり。学校でも他の子たちが楽にこなしていることのほとんどに、わたしは苦戦していました。たとえば、はさみを使う、線と線の間に色を塗る、歯を磨く、着替える、などがそうです。

◎協調性運動障害の一般的な兆候

次のような兆候が見られる場合、協調性運動障害かもしれません。

- バランスをとるのが苦手。
- 他の子たちに比べて、つまずいたり、転んだりすることが多い。
- 人やものにぶつかりやすい。
- 体育の授業で新しい動きを覚えるのに苦戦する。とくに、バランスをとったり、手と目を協調させたりする必要があるスポーツは苦手。
- ものを書き終えるのに時間がかかる。えんぴつやペンを握るのに苦労する。字が下手。
- 足し算や引き算の筆算《ひっさん》で数字の位《くらい》を揃えるのが苦手。

・食べ物を切り分けるのに苦労する。
・ロッカーの掛け金を外したり、ダイヤル錠を開けたりするときに手間取る。

ＡＳＤとＡＤＨＤの生徒の約半数は協調性運動障害でもあります。ここに挙げた兆候のいくつかが当てはまる人は、専門家の診断を受けてみるべきです。完全な治療法はありませんが、作業療法と理学療法は大きな助けになります。作業療法は運動の協調性を向上させ、理学療法は筋力を高めてくれます。わたしは作業療法のおかげで、（一生、無理だと思っていた）自転車にも乗れるようになりました！

◎学校に求めるべき対応

協調性運動障害があると、手書きに時間がかかるうえ、文字が乱れて読みにくくなるかもしれません。多くの場合、手書きの代わりとして、ノートパソコンのキーボード入力を習得するよう勧められます。

わたしも手書きよりキーボード入力をお勧めします。タイピングスキルには時間と努力が必要ですが、挑戦するだけの価値はあります。わたしは学校で手書きの代わりにノートパソコンを使わせてもらうようになってから、勉強がはかどるようになりました。

協調性運動障害があっても尻込みしないでください。根気よく続けていれば、きっとキーボード入力をマスターできます。

関節過可動性

関節過可動性はＡＳＤの子によく見られる症状です。わたしは8歳のときに診断されました。関節過可動性とは、一部もしくはすべての関節の可動域が大半の人よりも広く、柔軟なことを意味します。二重関節と呼ばれることもあります。

わたしの場合、指、手首、ひじ、ひざの関節が過可動です。1ヵ所以上の関節が過度に柔軟な場合、全身性関節過可動性と診断されます。関節の可動域が広いことは強みにもなります。ミュージシャン、ダンサー、スポーツ選手、とくにバレリーナや体操選手の多くは関節過可動です。

一方で不都合なこともあります。関節の可動域が広すぎると、日常的に痛みが生じやすくなります。わたしは足首痛と腰痛によく悩まされています。

◎関節過可動性の兆候

次のような症状がある場合、関節過可動性を疑ってみるべきかもしれません。

- 筋肉のうずきや痛みがある。
- 関節のうずきや痛みがある。

- 関節がこわばる。
- 足や足首に痛みがある。
- 足首をひねりやすい。
- 首が痛い。
- 腰痛がある。
- 関節がしょっちゅうはずれそうになったり、脱臼《だっきゅう》したりする。

関節過可動性が疑われる場合は、両親に相談のうえ、理学療法士に診断してもらうといいでしょう。検査は簡単なものです。痛みが生じることもありません。

◎関節過可動性の治療

関節過可動性は治《なお》りません。通常よりも柔軟な関節は生まれつきのものです。ただし、理学療法とエクササイズを組み合わせることで、症状を管理することができます。

わたしも、理学療法の他に、関節周りの筋肉を鍛える軽いエクササイズを実践しています。このアプローチで効果を上げるためには、定期的な取り組みが重要です。

単調で退屈なのは確かですが、症状をかなり改善することができます。痛みがとくにひどい日には、わたしは鎮痛剤も服用しています。

◎関節過可動性の管理

関節過可動性とうまくつきあっていくためには、関節にあまりストレスがかからないタイプの軽いスポーツをするのがいちばんです。その一つが水泳です。わたしはアレクサンダーテクニークも試したことがあります。アレクサンダーテクニークは、コントロールされた筋力強化と姿勢エクササイズを基本としています。

足の関節が過可動の人は、オーダーメードでインソールをつくるといいかもしれません。インソールは足のアライメント（位置、状態）を整え、体重が均等に分散するように助けてくれます。わたしもインソールのおかげで、足、足首、股関節、腰背部の痛みが軽くなりました。

◎学校に求めるべき対応

指や手の関節が過可動の人は、手書き作業でかなりの痛みが生じます。時間がかかるうえ、字も乱れやすくなります。こうした不便さと苦痛を回避するためには、やはり、手書きからノートパソコンに替えるのがいちばんでしょう。

キーボード入力なら、指や手首の関節にかかる負担をぐんと減らすことができます。わたしもノートパソコンに切り替えて以来、手書きよりも多くの情報を、より早く入力できることに気づきました。

消化器障害

「消化器障害（ＧＩ）」もＡＳＤの子によく見られる病気です。最も一般的な症状としては、便秘、腹痛、下痢があります。学校にいるときにこうした症状が出ると、気まずいうえ、とてもつらい思いをします。

学校に求めるべき対応

最善策は学校に「ナースパス」を発行してもらうことです。ナースパスは、授業中でも先生に断りを入れずにトイレや保健室に行くための許可証です。また、職員用トイレを使えるようにあらかじめ許可を得ておくといいでしょう。生徒用トイレに駆け込む姿を見られると、気まずい思いをするかもしれません。

第15章　ソーシャルメディア、インターネットとのつきあい方

リスクだらけのソーシャルメディアの世界

ソーシャルメディアは10代女子の生活の大部分を占めています。若者のアイデンティティはソーシャルメディアによって形づくられていると言ってもいいくらいです。多くの人たちがネットの世界に絶えず自分をさらしながら生きています。インスタグラムで写真をシェアしたかと思えば、ツイッターにリアルタイムの思いを投稿し、ユーチューブチャンネルで発信したりもします。

でも、そうやって投稿やシェア、あるいはメールを通じてネットの世界とつながっているとき、つねに最善の選択をしているとは限りません。とりわけ、後先も考えないまま、何気なく境界線を踏み越えてしまうときほど、賢明な判断を下しているとは言えないのです。

リスクだらけのソーシャルメディアの世界を渡り歩くのは、誰にとっても容易なことではありません。とくにＡＳＤ女子はつけ込まれる危険性が高くなります。なぜなら、他人を簡単に信用しやすく、相手の言葉を額面どおりに受け止め、信じ込む傾向があるからです。

こうした無防備さや疑うことを知らない性質は、相手に利用されやすいことを意味します。残念

ながら、ソーシャルメディアの世界には、自分を偽《いつわ》る人や悪意をもつ人たちが一定数存在します。だから、だまされやすい側は、見知らぬ誰かとソーシャルメディア上でやりとりする際、つねに自分を守る意識をもち、警戒し、疑ってかかる姿勢が必要なのです。

賢く安全なネット生活

ネットの世界は公開の場です。自分が投稿したものは、不特定多数の人びとの目に触れるということを覚えておきましょう。誰彼の区別なく知られたくないことは、絶対に投稿しないでください。不快な投稿をすれば、いずれクラスメート、友だち、家族、学校とトラブルになり、ときには警察沙汰に発展することだってあります。

しかも、その影響は現在にとどまらず、大学進学や就職といった未来にまで及んでもおかしくありません。なぜなら大学や企業は応募者のオンライン上のふるまいを頻繁《ひんぱん》にチェックしているからです。そうした現実的な影響を考えれば、ネットの世界がどれほどリアルな世界であるかがわかるはずです。

では、ここからは、賢く安全なネット生活を送るためのルールを見ていきましょう。

◎プライバシーを保護する

最初にプライバシー設定の確認をしましょう。自分がどんな情報を公開しているのか見直してください。公開対象を友人に限定したければ、クリック一つでプライバシーの設定を変更できます。ネットという公の場では、できるだけ身元を知られないように気をつけましょう。

個人を特定できるようなプライベートな情報は「すべて」非公開にし、会ったこともない人たちとは、けっして個人情報はシェアしないでください。

このルールは家族や友人など、自分以外の人の個人情報にも当てはまります。他人に関する情報を公開すれば、その人がトラブルに巻き込まれるかもしれません。だから絶対に公開してはいけません。

次のような個人情報は非公開にするべきです。

- 自分のフルネーム、家族の名前。
- 自宅や学校の住所、家族や友人の住所。
- あらゆる写真。
- 現在の位置情報(スマートフォンアプリの中で、GPSによる位置情報の使用が初期設定でオンになっているものはオフにする)。
- 電話番号。
- パスワード。
- クレジットカード番号。

もしこうした情報をオンラインで求めてくる人がいたら、赤信号が灯ったと思ってください。最大限の警戒が必要です。相手はよからぬことを考えている人かもしれません。ネットを利用しているときに、少しでも不信感を覚えたら、親か信頼のおける大人に相談してください。とくに、ネットショッピングや、ウェブサイト、アプリにログインするときは気をつけましょう。

中性的なユーザー名を使う

メールアドレスやユーザー名には、女性であることがわかりにくいアルファベットと数字の組み合わせを使いましょう。

メッセージングアプリやビデオアプリでは、ユーザー名とは違うニックネームを使ってください。そうすれば、万一、チャットの途中で居心地が悪くなって退出したとしても、表示名からメールアドレスをたどって身元を突き止められる心配がありません。

友人たちとプライベートグループをつくり、メンバーや招待した人たちの間だけでやりとりすることも可能です。

パスワードは誰にも教えない

自分のパスワードは絶対に他人に教えないでください。相手が友だちであっても教えてはいけません。どんな友人関係も変わる場合があるからです。

わたしは友だちだと思っていた人にパスワードを教えるという大失敗を犯したことがあります。その男の子はじつはいじめっ子でした。わたしのiCloud（アイクラウド）アカウントに勝手にアクセスしたうえ、イケてないときのわたし（ハリー・ポッター風のまん丸眼鏡をかけ、口には歯列矯正用《きょうせいよう》のブレースをはめていた時期）の写真をばらまいたのです。メールアカウントからなりすましメールを送ったりもしました。

おかげで、ずいぶんつらい思いをさせられましたが、高い授業料を払っただけに忘れられない教訓となりました。どうかわたしと同じ目に遭わないように、最大限、警戒してください。

パスワードは誰にも教えないこと、そして、セキュリティ強度の高いパスワードを使うことが肝心です。最強のパスワードは、名前や個人を特定できるような情報を含まない、アルファベットと文字の組み合わせです。

自分だけの特別な意味をもつ文章をつくり、それをパスワードに変換してもいいでしょう。たとえば、「my dog Rico was born in 2015（わたしの愛犬リコは２０１５年生まれ）」という文章を略して、パスワードを「mdRwbi2015」にする、といった方法です。

◎オンラインでも思いやりが大切

「他人には、自分がそう接してほしいと思うように接しなさい」というのが人生で守るべき大原則です。ネットの世界だからといって、リアルに出会う相手とは違う接し方をしていいわけがありません。普段の生活と同様に、ネットの世界でも思いやりをもって人に接しましょう。

でも、残念なことに、ネットの世界には、平気で失礼な態度をとったり、憎悪《ぞうお》をまき散らしたり、相手を脅《おど》したりする10代の若者たちがいます。オンラインで不快なことや攻撃的なことを言う人は、いじめや嫌がらせを受けるリスクが高くなります。

逆に、もし誰かに意地悪なことを言われたら、反応しないようにしてください。そして、絶対に仕返ししないこと。信頼できる大人や力になってくれそうな友だちに相談しましょう。

投稿する前に立ち止まって考える

何かを投稿する前に、かならず自分がどんな気持ちでいるかをチェックしてください！　腹を立てたり、動揺したりしていませんか？　もしそうだとしたら、ソーシャルメディアでメッセージを送ったり、投稿したりするのに適したタイミングではありません。感情的になっていると、正しい判断やまともな思考は期待できないからです。

個人的な情報や不適切なメッセージを投稿すれば、知らない人に悪用されるリスクに身をさらすことになります。その場の勢いで投稿を早まれば、後から悔やむことになりかねません。いったん立ち止まって、別の活動にエネルギーを使いましょう。

不適切なものは投稿しない

投稿する内容にはくれぐれも慎重になってください。今、投稿しようとしている文章や写真は他人の目に触れてもほんとうに大丈夫なものですか？　こんなふうにルールを決めておくといいかもしれません。「自分のおばあちゃんに見せられないようなものは投稿しない」

ヌード、性的なふるまいや違法行為を思わせる写真、失礼な、または、人種差別的な内容の写真、それ以外の不適切と受け止められるような内容の写真は絶対に投稿しないでください。

画像の1枚や2枚アップしたって、どうってことはないだろうと思うかもしれません。でも、たった1枚の画像でさえ、インターネットには永遠に残ります。文章であれ、写真であれ、一度送信したものは、すぐにコピーされ、転送されてもおかしくありません。つまり、誰でも見たり、利用したりできるということです。

インターネットの世界に送り出したものは永遠に消えない

一度、ネットに送り出したコメントやメッセージや写真は取り消せないということを、よく覚えておいてください。インターネットがいくら広大な世界だからといって、恥《は》ずかしい写真や卑猥《ひわい》な写真、暴言や意地悪なコメントが霧のように消えてなくなることはありません。何を投稿するか、よく考えましょう。

挑発的な写真や性的な内容の話は、それがたとえ個人的なメールの中であっても、シェアすれば、のちのちトラブルになって返ってくるかもしれません。友だちと思っていた相手に情報を悪用されることもありえます。とくに仲たがいをして、友だちでなくなったときがそうです。

何かを投稿したり、送信したりする前には、自分の心にこう問いかけてみましょう。

- わたしが投稿・送信しようとしているものは、両親、祖父母、先生が見ても大丈夫なもの？
- それは、将来、大学や企業に入ろうとするとき、担当者に見られても大丈夫なもの？

少しでも引っかかるなら、投稿したり、送信したりしないでください。用心するに越したことはありません。自分自身やそれ以外の個人に関して何かを投稿・送信するときは、ほんとうに慎重になるべきです。

友人に使われてもかまわない情報かどうか考えましょう。自分が一度送り出したものからは半永久的に逃れられないと思ってください。

◎悪質なメッセージには応答しない

悪意のある、けんか腰の、不適切なメールや投稿、あるいは、不快な思いをさせられるメールや投稿を受けても、けっして応答しないでください。意地悪なメッセージや心を乱すメッセージが送りつけられたとしても、それは自分に非があるからではありません。

そういう悪質なメッセージが来たら、止める方法がないか、親または信頼できる大人に相談してください。その種のメッセージに応答してしまうと、むしろ相手を調子づかせ、状況が悪化する場合があることを覚えておきましょう。

◎オンラインの友だちにオフラインで会わない

オンラインで誰かと仲よくなったからといって、直接、会おうとしないでください。ネットで知った人柄が、そのまま、現実でも同じとは限りません。ネットではプロフィールを偽る人もいます。同じ10代の若者と思っていたら、真っ赤な嘘で、ほんとうは大人だった、という場合もあるのです。

ネットで知り合った人とどうしても会いたいなら、親に相談しましょう。絶対に一人では会いに行かないこと。かならず誰かに付き添ってもらってください。場所は、普段、友だちや親といっしょによく行っているショッピングセンターやコーヒーショップなど、大勢の人の目がある所を選びます。

いちばん安全なのは、事前に親同士で連絡を取り合ってもらい、当日は双方ともに親同伴で顔を合わせることです。

◎セクスト行為は絶対にダメ

セクスト行為とは、自分や他人が映っている卑猥な画像や動画、自分や他人のヌードやセミヌードの画像や動画をシェアしたり、卑猥なメッセージを送ったりすることです。この件に関してわたしからのアドバイスは、一言に尽きます。セクスト行為は「絶対にダメ」ということです。

ところが、わたしの周りには、ヌード画像や「セクシーショット」を気軽に送っている子がたくさんいます。セクスト行為を友だちづきあいの一部と信じ込んで、自分も同じようにふるまうのが正しいことであるかのような雰囲気を感じることすらあります。

多くのティーンがセクスト行為をよくないことだと思わなくなってしまいました。セックスについて話したり、ヌード画像をオンラインでシェアしたりすることを、他愛もなく楽しんでいるようですが、じつはとても危険なことです。しかも違法行為でもあります。

次の5つの項目を見れば、セクスト行為がなぜ危険なのか、なぜ深刻な結果につながるかがわかるでしょう。

1　セクスト行為は児童ポルノという犯罪行為に当たる――18歳以下の人のわいせつ画像や動画を作成、共有、所有することは、イギリスおよびアメリカ（一部の州）では違法行為に当たります。たとえ作成、共有、所有しているのが子どもであっても、また、本人の許可を得て誰かが作成、共有、所有しているのであっても、違法です。

セクスト行為に関する法律は国によって異なりますが、多くの国々が、未成年のヌード画像・動画を交換する行為を、児童ポルノつまり、犯罪行為と見なしています。次のような行為をする人は、法を犯していることになります。

・自分または友だちの裸の画像や動画を撮る。

・未成年者の裸の画像や動画をシェアする。シェアする相手が同年代の友だちやクラスメートであっても関係ない。

・未成年者の裸の画像や動画を、本人の許可の有無《うむ》に関係なく、所有、ダウンロード、保存する。

スマートフォンで、他のティーンのヌード写真を送ったり、保存したりして性犯罪者のレッテルを貼られた子もいます。また、たとえ自分自身の写真であっても、性犯罪として起訴された人もいるのです！

2　セクスト行為は性的ないじめを招く恐れがある──セクスト画像・動画は一度サイバー空間に送り出したが最後、その画像や動画が他人に利用されても、自分にはどうすることもできません。相手は好きなように使うことができます。残念ながら、ティーンの間では、その種の画像や動画を使って、性的ないじめや嫌がらせをすることが横行しています。

性的ないじめの一つが「スラットシェイミング」です。スラットシェイミングとは、いじめっ子や意地悪な女の子たちがソーシャルメディアで特定の女子をターゲットに、その人やその人の身体に関して、ぶしつけで性的なコメントを投稿することです（訳注：一般に、スラットシェイミングとは、ある人の言動や外見が性的な社会通念や固定概念から逸脱しているとして、その人に非難や社会的な制裁を加える行為）。

3　セクスト行為は性犯罪者をおびき寄せる——セクスト画像・動画はふつう、一人だけに見せるために送るものですが、いったん送ってしまえば、相手が他の誰かに見せたとしても、こちらでは止めようがありません。現に、ボーイフレンドにヌード写真を送ったら、仲間に見せられ、ネットに投稿されてしまったという10代女子が跡を絶ちません。

そういう写真は勝手な憶測を呼びます。みずから進んでセクシーショットを撮ったうえ、それをばらまくような少女というレッテルを貼られるかもしれません。また、性犯罪者をおびき寄せることにもなります。善人のふりをして近づいてくる人に性的に搾取《さくしゅ》される恐れがあるのです。

4　セクスト画像・動画は絶対に消せない——多くのティーンが誤解していることですが、ワッツアップのようなメッセージングアプリや、ショートメール、Eメール、あるいは開封後に短時間で自動的に削除されるスナップチャットなどの画像共有アプリで送った写真は、受信者だけが閲覧するものだと思っています。でも、一度自分の手を離れたものは、誰がシェアし、コピーし、投稿しようと止められません。特定の人にちらっと見せるためのスナップチャット画像だろうと、スクリーンショットすれば保存できるのです。

5　セクスト行為は自分の評判を台無しにする──卑猥な画像・動画は自分の社会的評価を傷つけます。何年も経ってから、大学の入学選考スタッフや企業の人事担当者の目に留まるかもしれないからです。

要するに、セクスト行為は、絶対に、絶対に、絶対に、よくないということです。

セクスト行為のせいでおぞましい目に遭い、後悔している10代女子の話をほんとうによく耳にします。わたしが通っていた学校でも、一人の15歳の女子生徒が、大好きな男子に何度もせがまれた結果、無邪気にもスナップチャットでヌード写真を送ってしまいました。彼女は相手に夢中だったし、自分も相手に好かれていると思い込んでいました。それに閲覧後に自動的に画像が消されるスナップチャットなら安全だろうと高をくくっていたのです。

ところが、数日もしないうちに、その画像は学校中に拡散されてしまいました。相手の男子生徒が友だちグループに送り、そのグループがまた別のグループに送り、結局、画像は大勢の目に触れることになりました。当人が廊下を歩いていると、みんなの間で耳打ちが始まります。クスクス笑いやぶしつけな言葉をかけられるうちに、その女の子は完全に打ちのめされてしまいました。

悲しいことに、これは珍しい話ではありません。こうした悲惨な出来事を防ぐためには、セクスト行為にかかわらないことが肝心です。もし誰かからヌード写真や卑猥な画像が送られてきたら、削除してください。

有害なコンテンツに出くわしたら

インターネットはすばらしい資源です。わたしは毎日のように利用しています。インターネットには数え切れないほどのメリットがありますが、その一方で、無視できないリスクもあります。そんなリスクの一つが、衝撃的で不快な思いをさせられるコンテンツに偶然、出会ってしまうことです。

暴力的な画像や恐ろしい画像、憎悪に満ちたコンテンツ、性的なネタ、あるいは、摂食障害や自傷行為を誘発するような有害なアドバイスを、うっかり開いてしまったことはないでしょうか？

わたしも、そういうサイトに迷い込んだことがあります。有害な情報に出くわすと恐ろしくなったり、心が乱れたりするものです。そういうときはすぐにサイトを閉じましょう。

それでも動揺が収まらない場合は、信頼できる大人に、何を見てしまったかを話してください。有害なコンテンツを自動的にふるいにかけてくれるフィルターを使うなど、セイフティツールを活用してもいいでしょう。

ただし、将来的には有害なサイトを自分で避けられるようなスキルを身につけていくべきです。

ネットショッピングの注意点

わたしはショッピングモールが大嫌いなので、服、メイク用品、靴などをオンラインで買っています。そういうときは両親にクレジットカードを使わせてもらいます。豊富な品揃え、翌日配達、割引率のよさなど、ネットショッピングは便利で魅力的です。ただし、粗悪品を売りつけるサイトや詐欺まがいのサイトもたくさんあるので、つねに注意が必要です。

ネットショッピングをこれから始めるという人は、評判のよいサイトを利用しましょう。顧客レビューの欄を見て、他の購入者がそのサイトをポジティブに評価しているか、ネガティブに評価しているかをチェックします。

そして、購入手続きの際には、ショップから求められる入力内容にも警戒してください。購入に必要でない情報まで求められていないか、よく考えましょう。

支払いは（デビットカードよりも）クレジットカードが安全です。購入したものが送られてこなかったり、注文したものと違っていたりしたとき、通常はクレジットカード会社に返金処理をしてもらえるからです。

ネットいじめを受けたとき

ネットいじめは、パソコンやスマートフォンなどのテクノロジーを使って誰かをいじめたり、嫌がらせをしたりする行為です。

たとえば、攻撃的なショートメールを送る、チャットルームでからかう、相手のフェイスブックやインスタグラムにひどいメッセージを投稿するなどです。メールで脅したり、その人にとって好ましくない画像をネットに上げたりもします。

ネットいじめをしてくるのは、仲たがいした元友だちや知り合い、もしくは、素性《すじょう》のわからないユーザー名を使った誰かだったりします。多くのティーンがソーシャルメディアでネットいじめを経験しています。

では、ネットいじめを受けたときの対処法をいくつかアドバイスしておきます。

・自分を責めないでください。誰かが繰り返しひどいことをしてくるとしても、自分のせいではありません。そんな扱いを受けて当然の人などどこにもいないのです。
・ネットいじめのメッセージには応答せずに、無視したほうが無難です。ネットいじめをしてくる人は、注意を引くことやリアクションを期待しています。こちらの応答次第では、こじらせることになりかねません。無視すれば相手の力をそぐことにつながります。
・できれば、ネットいじめをやめるように相手にきっぱり伝えましょう。
・ネットいじめに関して一つだけ好都合なのは、送られてきたものを保存できることです。保存してあれば、誰かに助けを求めるときに見せられます。悪質なメール、ショートメール、メッセージが送られてきたら、保存しておきましょう。また、受け取った日時、相手のユーザー名を記録しておいてください。万が一、証拠の提出が必要になったとき、こうした情報はすべて役に立ちます。

・セイフティツールを利用しましょう。通常、ソーシャルメディアのアプリやサービスには特定の相手をブロックする機能があります。また、プロバイダーに問題を通報するのも一つの手です。身の危険を感じたときは、（親や信頼できる大人の助けを借りて）警察に知らせてください。

・それでもネットいじめが続くようなら、ユーザー名やプロフィールを変えてください。個人情報を含まないユーザー名を選びましょう。

・無視してもネットいじめが止まらない場合は、大人に助けを求めてください。親、先生、それ以外の信頼できる大人に相談しましょう。

もし知り合いがネットいじめを受けているとしたら、その知り合いの味方になってください。仲のいい友だちであれば、相手の話に耳を傾け、何かできることがないか考えてあげましょう。相手が友だちではなくても、優《やさ》しい言葉をかけてあげれば、その人の孤独は和《やわ》らぐはずです。少なくとも、悪質なメッセージを転送したり、いじめている側を擁護したりすることだけはやめておきましょう。

他人の投稿で自分の人生の価値を決めない

わたしたちには、つい、自分以外のみんなが完璧な人生を送っているかのように思い込む癖があります。ソーシャルメディアの投稿を見ていれば、勘違いするのも無理はないかもしれません。たいていの人が投稿するのは、ハッピーな写真や体験談ばかりで、退屈な時間、悲しい体験、かっこよくない写真はシェアしないからです。でも、他人の投稿を見て、自分より幸せだと思うのは早合点です。

10代の女子は、何百枚もの写真の中からどれをネットに上げるかに頭を悩ませ、理想のイメージに近づけるために、何時間もかけて、プロフィール写真を編集しています。実際よりスリムに見せたり、現実離れした美しさを演出したりするために、写真加工アプリを使うのは、ファッション雑誌の人気モデルだけではありません。今や10代女子のほとんどが自分の画像に修正を加えています。スマートフォンアプリで手軽にフィルターをかけたり、見た目を変えたりして、ネットに投稿する写真を競い合っています。

けれども、そうやって当たり前のように画像を修正することには弊害があります。自分の身体に対するイメージを悪化させ、ありのままの自分を受け入れにくくするからです。また、自分がどれだけ人に好かれているか、自分の外見にどれほど人気が集まっているかを気にするあまり、「いいね」の数に一喜一憂するようにもなります。

10代の女子が投稿するものの多くは現実ではありません。そのことを覚えておくべきです。自分の価値は、見た目や所有物ではなく、得意な活動で決めましょう。自信と自尊心を育ててくれるようなものを見つけてください。

それは、アート、音楽、スポーツ、読書、外国語の学習、ボランティア活動など、興味を掻き立てられ、才能を伸ばしてくれる活動なら何でもかまいません。そして、外見ばかりを気にしていないで、自分という人間の中身と得意分野に目を向けていきましょう。

未来を切り開くために

ＡＳＤの子の自尊心——自分に対する評価と認識——はとてもおもろいものです。自分をどう考え、どう信じているかによって、自尊心が変わるからです。周囲と「違っている」ことをつねに意識させられ、場違いさを痛感させられているＡＳＤの子にとって、自分をポジティブにとらえるのは容易なことではありません。

ＡＳＤ女子は定型発達の世界で生きづらさに直面しています。自分を取り巻く世界——不確実なことだらけで、混乱させられることの多い世界——を何とか理解しようとして、つねに努力しています。他の人たちが何を考え、何を感じているのかを読み解くのにいつも必死です。自分はみんなと違うと感じながら、何とか溶け込もうともがいています。

人づきあいに苦労したり、いじめに遭ったり、のけ者にされたりするだけでなく、乗り越えなければならない障壁や課題が他の子より多かったりもします。たとえば、協調性運動障害、人づきあいの苦手さ、不安症、学習障害（注意欠陥多動性障害、失読症など）がそうです。どれもこれも、ASD女子の自信や自己価値をそぐようなネガティブで困難な経験ばかりです。

けれども、そうした過去が現在の自分をつくったとも言えます。今までの経験があるからこそ、より強く、より賢くなれたのです。数々の困難を乗り越えてきた心の強さとしなやかさがあるなら、この先、できないことはありません。未来を切り開いていきましょう！

おわりに

第1章の冒頭で触れたとおり、わたしはニューロダイバーシティ（神経多様性）の啓発活動に携わっています。「**ニューロダイバーシティ**」とはいったい何のことか、なぜわたしがかかわっているのか、疑問に思っている読者もいるかもしれません。

ニューロダイバーシティは、「脳はそもそも一人ひとりユニークなものだ」という考えに基づいています。つまり、「ふつう」の脳など存在しないということです。ＡＳＤ、失読症、協調性運動障害、注意欠陥多動性障害（ＡＤＨＤ）があろうと、それ以外の神経症状があろうと、その人の脳が欠陥だらけだとか、異常だというわけではありません。大多数の人たちとは、脳神経の発達の仕方が違うだけです。その脳神経の配線の違いによって、何かが人より得意だったり、苦手だったりするのです。

わたしがニューロダイバーシティ啓発活動の発信者になったのは、ＡＳＤや学習障害に対する世間の認識を変えていきたいからです。言い換えれば、ＡＳＤや学習障害もまたニューロダイバーシティの一部ということです。

そこで、わたしは、２０１８年11月、イギリス国内外の学校を対象に、ニューロダイバージェントの（ASDや学習障害など神経発達上の特性をもつ）生徒たちの長所や才能を認識してもらうためのキャンペーンとして「**ニューロダイバーシティセレブレーションウィーク**（神経多様性啓発週間）」を立ち上げました。

わたしの願いは、一人でも多くの先生が、当事者である生徒の短所ではなく長所に目を向けるようになってくれることです。そろそろ、違う角度からニューロダイバージェントに目を向けるべきときなのです。そして、特殊な教育ニーズを抱える生徒たちにまつわるネガティブな考えや固定概念も変えなければなりません。今こそそのときだと思っています。

潮目は完全に変わりつつあります。同じ10代のASD女子である、スウェーデンのグレタ・トゥーンベリにわたしは大いに励まされてきました。気候変動に対する政府の取り組みの低さに抗議の声を上げたグレタの行動は、「未来のための金曜日」運動として、世界中の若者たちを巻き込む抗議活動に発展しました。

グレタほど、わたしが親近感を覚えた人は他にいません。いつも周囲と波長が合わず、「ふつう」とされる枠から外れて生きてきたところなど、そっくりです。そんなとき、ASDでADHDの10代女子が一人で立ち上がり、さまざまな制約に対して声を上げたのですから、多くの当事者が、自分をポジティブに見つめなおすきっかけになったことでしょう。

グレタはASDを「ギフト」「スーパーパワー（特殊能力）」と呼んでいます。ASDは、自分を突き動かす情熱であり、原動力であり、型破りの思考で世間の建て前を突き崩す能力でもあると言います。彼女は瀕死の地球を救おうとしているだけでなく、ＡＳＤにまつわる社会通念やＡＳＤの子たち自身の自己認識を変えようとしています。

わたしは、ニューロダイバーシティセレブレーションウィークによって、当事者である若者たちが自分をポジティブにとらえられるようになることを願っています。２０１８年5月の第1回の啓発週間には、６ヵ国から、３４０校、31万５０００人以上の生徒が参加しました。でもこれはまだ始まりにすぎません。将来的には、世界中から、何万校、何百万人もの参加者が集まる大規模イベントになることでしょう。

どうかニューロダイバーシティ啓発活動に関心をもってください。定型発達でない人びとにとって優《やさ》しく理解のある社会をともにつくり上げていきましょう。まずは、ニューロダイバーシティセレブレーションウィークに参加するよう、自分の学校に働きかけてみてはどうでしょうか。わたしにできることがあれば、喜んでお手伝いします（コンタクト先　siena@neurodiversity-celebration-week.com）。

わたしの夢は、最終的に、すべての学校がニューロダイバーシティセレブレーションウィークに参加することです。そうすれば、どの子も自分が「ふつう」になりそこねたかのように感じて落ち込むことがなくなります。

わたしたちは一人ひとりがユニークな存在なのです。そのかけがえのなさを、今こそ祝福しましょう！

謝辞

世界中の勇敢な先生方へ、よいことのために力を使ってくれてありがとうございます。ＡＳＤの最良の部分に目を向け、わたしたちに高みをめざせと励ましてくれるみなさんは、ほんとうに稀有《けう》な存在です。マナン先生とヘンリー先生は、わたしのポテンシャルにいち早く気づいてくださいました。そして、わたしを歴史好きにしてくれたのは、情熱的なホール先生でした。数学のパターソン先生はこれからもずっとわたしのお気に入りの先生です。先生方に改めてお礼を申し上げます。

優《やさ》しく寛大にもわたしを支え、アドバイスを与えてくれた女性のメンターたちにも、わたしは一生、頭が上がらないでしょう。ニューロダイバーシティに勇気と情熱をもって取り組んでいるインペリアルカレッジのサラ・ランキン教授。わたしに初めて仕事と論文執筆の機会をくださり、ＡＳＤは強みであると気づかせてくれたアンナ・レミントン博士、ローラ・クレイン博士、メル・ボヴィス博士、リズ・ペリカーノ博士（それぞれＡＳＤ教育研究所〈ＣＲＡＥ〉の歴代所長）、女性同士の連帯の大切さを教えてくれたジェシカ・ウェイド博士に感謝します。

ＡＳＤ支援団体アンナ・ケネディオンラインの創設者アンナ・ケネディＯＢＥ（大英帝国勲位）、ＡＤＨＤ基金のトニー・ロイドＣＥＯ、スペシャルニーズジャングルの創設者タニア・ティラオロは、「ニューロダイバーシティセレブレーションウィーク」を開始するにあたって、このわたしに導きと知恵を授け、全面的な信頼を寄せてくださいました。

わたしを愛し、励まし、信じてくれるパパ、ママ、妹へ。自分を後回しにしてでもわたしを支え、ともに闘ってくれる家族がいるからこそ、数々の勝利を上げられました。喜びと悲しみを分かち合いながら、限りない愛と献身で包んでくれるママ。あなたのおかげで、わたしは、不条理を許さないことの大切さと、険しい山を登り切った後に最高の眺めが待っていることを学びました。世界中のＡＳＤ女子にも、ママのような強い味方がついていることでしょう。

愛犬リコへ。何があろうとつねに無条件の愛を注いでくれてありがとう。

ジェシカ・キングスレー出版とアンドリュー・ジェームズ編集長にもお礼を申し上げます。おかげで、ＡＳＤの妹たちは、わたしがたどってきたようなデコボコ道を歩まずに済みそうです。

最後になりましたが、この道の先駆者として、わたしにインスピレーションを与えてくれたうえ、「はじめに」を寄せてくださったテンプル・グランディン博士に、心から感謝します。

おっと、わたしを痛めつけようとした大勢のいじめっ子たちにも感謝しなければなりませんね。あなたたちのおかげで、わたしは声を上げることを学び、自分の体験をシェアしようと思い立ったのです。ほんとうにありがとう。

著者略歴
シエナ・カステロン
2002年、アイルランドに生まれる。ASDの当事者として、女子を支援する本がないことを知り、16歳のとき、みずから本書を執筆。数学と物理でもずば抜けた成績を上げている。以後、国際的にASD啓発活動といじめ撲滅活動をおこなっている。また国連の持続可能な開発目標(SDGs)に取り組むヤングリーダーにも選出される。本書はノーチラスブックアワード(社会正義や環境問題を訴えた優秀な本に贈られる)の銀賞を受賞。現在、ロンドンで両親と愛犬リコと暮らしている。

訳者略歴
浦谷計子
翻訳家。埼玉県に生まれる。立教大学文学部英米文学科を卒業。外資系企業勤務、海外居住経験を経てフリーランスの翻訳家に。
訳書には『モンク思考 自分に集中する技術』(東洋経済新報社)、『思い出すと心がざわつく こわれた関係のなおし方』(ディスカヴァー・トゥエンティワン)、『だからお客に嫌われる』(日本経済新聞出版)、『母から受けた傷を癒す本』(さくら舎)などがある。

わたしはASD《エーエスディー》女子《じょし》
――自閉《じへい》スペクトラム症《しょう》のみんなが輝《かがや》くために

二〇二一年一二月一〇日　第一刷発行

著者　シエナ・カステロン
訳者　浦谷計子《うらたにかずこ》
発行者　古屋信吾
発行所　株式会社さくら舎　http://www.sakurasha.com
東京都千代田区富士見一-二-一一　〒一〇二-〇〇七一
電話　営業　〇三-五二一一-六五三三　FAX　〇三-五二一一-六四八一
編集　〇三-五二一一-六四八〇
振替　〇〇一九〇-八-四〇二〇六〇
装丁　石間　淳
装画　イメージマート
印刷・製本　中央精版印刷株式会社

ISBN978-4-86581-321-0